어린이를 위한
잠언 쓰기

사랑플러스 편집부 엮음

✦ 사랑플러스

이 필사 노트를
다음과 같이 활용하시면 더욱 유익합니다.

❶ 주중에는 성경 말씀을 따라씁니다

• 아이들이 쓰기에 부담스럽지 않도록 주별로 구분하였습니다.
• 일주일에 두 장씩 쓸 수 있습니다.

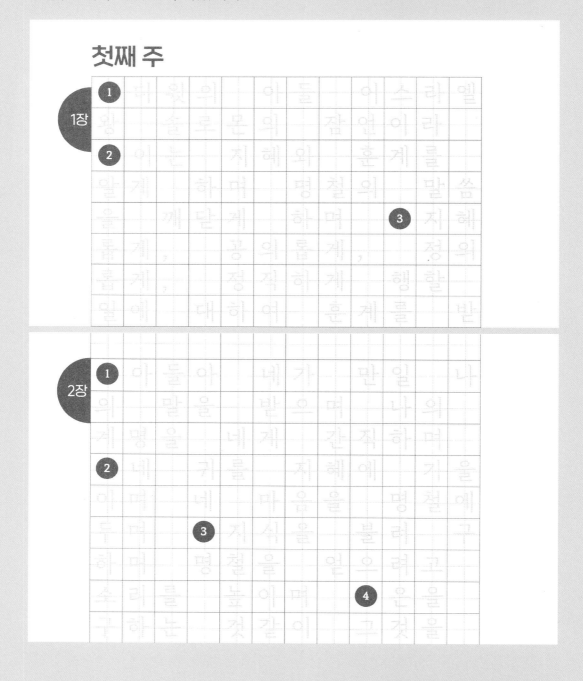

❷ 주말에는 중요 구절을 암송합니다

- 각 장의 중요 구절을 뽑아 설명을 곁들여 구절에 대한 이해를 돕고 있습니다.
- 일주일에 두 구절을 쓰면서 암송할 수 있습니다.

이번 주 암송 구절 1 ▶

여호와를 경외하는 것이 지식의 근본이거늘
미련한 자는 지혜와 훈계를 멸시하느니라 (잠언 1장 7절)

1장 7절은 잠언의 핵심 구절이에요. 하나님을 경외하는 것은 그분의 공정한 심판을 두려워하며, 최고의 존경과 사랑으로 그분을 꼭 붙잡는 거예요. 반대로 미련한 자들은 마음으로 하나님의 말씀을 깔보고 업신여기며 주님을 거부해요. 그러므로 하나님을 경외하는 사람만이 참된 지혜를 얻을 수 있어요.

이번 주 암송 구절 2 ▶

그는 정직한 자를 위하여 완전한 지혜를 예비하시며
행실이 온전한 자에게 방패가 되시나니 (잠언 2장 7절)

하나님과 올바른 관계를 맺는 사람들은 어리석은 결정을 내리지 않도록 보호를 받아요. 솔로몬은 그들을 정직한 사람, 행실이 바른 사람이라고 말해요. 하나님은 그들에게 지혜를 풍부하게 주세요. 또 그들을 세상의 악으로부터 보호하시고 어려운 형편에서 피할 수 있도록 인도해 주세요.

첫째 주

1장

1 다윗의 아들 이스라엘 왕 솔로몬의 잠언이라

2 이는 지혜와 훈계를 알게 하며 명철의 말씀을 깨닫게 하며

3 지혜롭게, 공의롭게, 정의롭게, 정직하게 행할 일에 대하여 훈계를 받게 하며

4 어리석은 자를 슬기롭게 하며 젊은 자에게 지식과 근신함을 주기 위한 것이니

5 지혜 있는 자는 듣고 학식이 더할 것이요 명철한 자는 지략을 얻을 것이라

6 잠언과 비유와 지혜 있는 자의 말과

그 오묘한 말을 깨달으리라 ⑦ 여호와를 경외하는 것이 지식의 근본이어늘 기늘 미련한 자는 지혜와 훈계를 멸시하느니라 ⑧ 내 아들아 네 아비의 훈계를 들으며 네 어미의 법을 떠나지 말라 ⑨ 이는 네 머리의 아름다운 관이요 네 목의 금사슬이니라 ⑩ 내 아들아 악한 자가 너를 꾈지라도 따르지 말라 ⑪ 그들이 네게 말하기를 우리와 함께 가자 우리가 가만히 엎드렸다가 사람의 피를 흘리자 죄없는 자를 까닭 없이

숨어 　기다리다가 **12** 스올
갈이 　그들을 　산 　채로
삼키며 　무덤에 　내려가는
자들갈이 　통으로 　삼키자
13 우리가 　온갖 　보화를
얻으며 　빼앗은 　것으로
우리 　집을 　채우리니 **14**
너는 　우리와 　함께 　제비
를 　뽑고 　우리가 　함께
전대 　하나만 　두자 　할지
라도 **15** 내 　아들아 　그들
과 　함께 　길에 　다니지
말라 　네 　발을 　금하여
그 　길을 　밟지 　말라 **16**
대저 　그 　발은 　악으로
달려가며 　피를 　흘리는
데 　빠름이니라 **17** 새가
보는 　데서 　그물을 　치면

헛일이겠거늘 그들이
가만히 엎드림은 자기의
피를 흘릴 뿐이오 숨어
기다림은 자기의 생명을
해할 뿐이니 이익을
탐하는 모든 자의 길은
다 이러하여 자기의 생
명을 잃게 하느니라
지혜가 길거리에서 부르
며 광장에서 소리를 높
이며 시끄러운 길목에
서 소리를 지르며 성문
여기와 성중에서 그 소
리를 발하여 이르되
너희 어리석은 자들은
어리석음을 좋아하며 거
만한 자들은 거만을 기
뻐하며 미련한 자들은

자식을 미워하니 어느
때까지 하겠느냐 ㉓ 나의
책망을 듣고 돌이키라
보라 내가 나의 영을
너희에게 부어 주며 내
말을 너희에게 보이리라
㉔ 내가 불렀으나 너희가
듣기 싫어하였고 내가
손을 폈으나 돌아보는
자가 없었고 ㉕ 도리어
나의 모든 교훈을 멸시
하며 나의 책망을 받지
아니하였은즉 ㉖ 너희가
재앙을 만날 때에 내가
웃을 것이며 너희에게
두려움이 임할 때에 내
가 비웃으리라 ㉗ 너희의
두려움이 광풍같이 임하

8

겠고 너희의 재앙이 폭
풍같이 이르겠고 너희에
게 근심과 슬픔이 임하
리니 28 그 때에 너희가
나를 부르리라 그래도
내가 대답하지 아니하겠
고 부지런히 나를 찾으
리라 그래도 나를 만나
지 못하리니 29 대저 너
희가 지식을 미워하며
여호와 경외하기를 즐거
워하지 아니하며 30 나의
교훈을 받지 아니하고
나의 모든 책망을 업신
여겼음이니라 31 그러므로
자기 행위의 열매를 먹
으며 자기 꾀에 배부르
리라 32 어리석은 자의

퇴보는 자기를 죽이며

미련한 자의 안일은 자

기를 멸망시키려니와 **(33)**

오직 내 말을 듣는 자

는 평안히 살며 재앙의

두려움이 없이 안전하리

라

2장

1 아들아 네가 만일 나

의 말을 받으며 나의

계명을 네게 간직하며

2 네 귀를 지혜에 기울

이며 네 마음을 명철에

두며 **3** 지식을 불러 구

하며 명철을 얻으려고

소리를 높이며 **4** 은을

구하는 것 같이 그것을

구하며 감추어진 보배를

찾는 것 같이 그것을 찾

으면 ⑤ 여호와 경외하기

를 깨달으며 하나님을

알게 되리니 ⑥ 대저 여

호와는 지혜를 주시며

지식과 명철을 그 입에

서 나심이며 ⑦ 그는 정

직한 자를 위하여 완전

한 지혜를 예비하시며

행실이 온전한 자에게

방패가 되시나니 ⑧ 대저

그는 정의의 길을 보호

하시며 그의 성도들의

길을 보전하려 하심이니

라 ⑨ 그런즉 네가 공의

와 정의와 정직 곧 모

든 선한 길을 깨달을

것이라 ⑩ 곧 지혜가 네

마음에 들어가며 지식이
네 영혼을 즐겁게 할
것이오 ⑪ 근신이 너를
지키며 명철이 너를 보
호하여 ⑫ 악한 자의 길
과 패역을 말하는 자에
게서 건져 내리라, ⑬ 이
무리는 정직한 길을 떠
나 어두운 길로 행하며
⑭ 행악하기를 기뻐하며
악인의 패역을 즐거워하
나니 ⑮ 그 길은 구부러
지고 그 행위는 패역하
니라 ⑯ 지혜가 또 너를
음녀에게서, 말로 호리
는 이방 계집에게서 구
원하리니 ⑰ 그는 젊은
시절의 짝을 버리며 그

의　　하나님의　　언약을　잊
어버린　자라　　18　그의
은　사망으로,　그의　길
은　스올로　기울어졌나니
19　누구든지　그에게로　가
는　자는　돌아오지　못하
며　또　생명　길을　얻지
못하느니라　20　지혜가　너
를　선한　자의　길로　행
하게　하며　또　의인의
길을　지키기　하리니　21
대저　정직한　자는　땅에
거하며　완전한　자는　땅
에　남아　있으리라　22
그러나　악인은　땅에서　끊
어지겠고　간사한　자는
땅에서　뽑히리라

여호와를 경외하는 것이 지식의 근본이거늘
미련한 자는 지혜와 훈계를 멸시하느니라 (잠언 1장 7절)

1장 7절은 잠언의 핵심 구절이에요. 하나님을 경외하는 것은 그분의 공정한 심판을 두려워하며, 최고의 존경과 사랑으로 그분을 꼭 붙잡는 거예요. 반대로 미련한 자들은 마음으로 하나님의 말씀을 팔보고 업신여기며 주님을 거부해요. 그러므로 하나님을 경외하는 사람만이 참된 지혜를 얻을 수 있어요.

여	호	와	를		경	외	하	는		것	이
지	식	의		근	본	이	거	늘		미	련
한		자	는		지	혜	와		훈	계	를
멸	시	하	느	니	라						

> 그는 정직한 자를 위하여 완전한 지혜를 예비하시며
> 행실이 온전한 자에게 방패가 되시나니 (잠언 2장 7절)

하나님과 올바른 관계를 맺는 사람들은 어리석은 결정을 내리지 않도록 보호를 받아요. 솔로몬은 그들을 정직한 사람, 행실이 바른 사람이라고 말해요. 하나님은 그들에게 지혜를 풍부하게 주세요. 또 그들을 세상의 악으로부터 보호하시고 어려운 형편에서 피할 수 있도록 인도해 주세요.

둘째 주

3장

① 내 아들아 나의 법을
잊어버리지 말고 네 마
음으로 나의 명령을 지
키라 **②** 그리하면 그것이
네가 장수하여 많은 해
를 누리게 하며 평강을
더하게 하리라 **③** 인자와
진리가 네게서 떠나지
말게 하고 그것을 네
목에 매며 네 마음판에
새기라 **④** 그리하면 네가
하나님과 사람 앞에서
은총과 귀중히 여김을
받으리라 **⑤** 너는 마음을
다하여 여호와를 신뢰하
고 네 명철을 의지하지
말라 **⑥** 너는 범사에 그

사랑하시는 자를 징계하
시기를 마치 아비가 그
기뻐하는 아들을 징계함
같이 하시느니라 **(13)** 지혜
를 얻은 자와 명철을
얻은 자는 복이 있나니
(14) 이는 지혜를 얻는 것
이 은을 얻는 것보다
낫고 그 이익이 정금보
다 나음이니라 **(15)** 지혜는
진주보다 귀하니 네가
사모하는 모든 것으로도
이에 비교할 수 없도다
(16) 그의 오른손에는 장수
가 있고 그의 왼손에는
부귀가 있나니 **(17)** 그 길
은 즐거운 길이요 그의
지름길은 다 평강이니라

고　　네 발이　　거치지　아
니하겠으며　(24)　네가　　누울
때에　두려워하지　아니하
겠고　네가　누운즉　네
잠이　달리로다　(25)　너는
갑작스러운　두려움도　악
인에게　닥치는　멸망도
두려워하지　말라　(26)　대저
여호와는　네가　의지할
이시니라　네　발을　지켜
걸리지　않게　하시리라
(27)　네　손이　선을　베풀
힘이　있거든　마땅히　받아
울　자에게　베풀기를　아
끼지　말며　(28)　네게　있거
든　이웃에게　이르기를
갔다가　다시　오라　내일
주겠노라　하지　말며　(29)

4장

35 지혜로운 자는 영광을 기업으로 받거니와 미련한 자의 영달함은 수치가 되느니라

1 아들들아 아비의 훈계를 들으며 명철을 얻기에 주의하라

2 내가 선한 도리를 너희에게 전하노니 내 법을 떠나지 말라

3 나도 내 아버지에게 아들이었으며 내 어머니 보기에 유약한 외아들이었노라

4 아버지가 내게 가르쳐 이르기를 내 말을 네 마음에 두라 내 명령을 지키라

그리하면 살리라 (5) 지혜를 얻으며 명철을 얻으라 내 입의 말을 잊지 말며 어기지 말라 (6) 지혜를 버리지 말라 그가 너를 보호하리라 그를 사랑하라 그가 너를 지키리라 (7) 지혜가 제일이니 지혜를 얻으라 네가 얻은 모든 것을 가지고 명철을 얻을지니라 (8) 그를 높이라 그리하면 그가 너를 높이 들리라 만일 그를 품으면 그가 너를 영화롭게 하리라 (9) 그가 아름다운 관을 네 머리에 두겠고 영화로운 면류관을 네게

리라 하셨느니라 **10** 내 아들아 들으라 네 말을 받으라 그리하면 네 생명의 해가 길리라 **11** 내가 지혜로운 길을 네게 가르쳤으며 정직한 길로 너를 인도하였은즉 **12** 다닐 때에 네 걸음이 곤란하지 아니하겠고 달려갈 때에 실족하지 아니하리라 **13** 훈계를 굳게 잡아 놓치지 말고 지키라 이것이 네 생명이니라 **14** 사악한 자의 길에 들어가지 말며 악인의 길로 다니지 말지어다 **15** 그의 길을 피하고 지나가지 말며 돌이켜 떠

22 그것은 얻는 자에게는 생명이 되며 그 온 육체의 건강이 됨이니라

23 모든 지킬 만한 것 중에 더욱 네 마음을 지키라 생명의 근원이 이에서 남이니라

24 구부러진 말을 네 입에서 버리며 비뚤어진 말을 네 입술에서 멀리하라

25 네 눈은 바로 보며 네 눈꺼풀은 네 앞을 곧게 살피며

26 네 발이 행할 길을 평탄하게 하며 네 모든 길을 든든히 하라

27 좌로나 우로나 치우치지 말고 네 발을 악에서 떠나게 하라

서 떠나기 하라

너는 마음을 다하여 여호와를 신뢰하고
네 명철을 의지하지 말라 (잠언 3장 5절)

하나님을 신뢰하는 것은 그분의 사랑과 돌보심 속에서 평안히 쉬고 그분의 능력을 온전히
의지하는 것이에요. 따라서 주님을 신뢰하는 자라면 자신의 명철을 의지하지 않을 거예요.
오직 자신의 부족한 모습을 인정하는 사람만이 하나님의 능력과 지혜를 얻을 수 있어요.

28

모든 지킬 만한 것 중에 더욱 네 마음을 지키라
생명의 근원이 이에서 남이니라 (잠언 4장 23절)

우리의 모든 행동은 마음에서 생겨난다는 것을 알아야 해요. 마음이 무너지면 건강도, 삶도 무너져요. 그러므로 우리는 마음을 지키는 것을 최고로 먼저 생각해야 해요. 우리 마음에 머무시는 성령 하나님은 죄의 유혹에 넘어가지 않도록 우리 마음을 지켜주세요.

셋째 주

5장

내 아들아 내 지혜에
주의하며 내 명철에 네
귀를 기울여서 근 신을
지키며 네 입술로 지식
을 지키도록 하라
저 음녀의 입술은 꿀을
떨어뜨리며 그의 입은
기름보다 미끄러우나
나중은 쑥 같이 쓰고
날 가진 칼 같이 날카로
우며 그의 발은 사지
로 내려가며 그의 걸음
은 스올로 나아가나니
그는 생명의 평탄한
길을 찾지 못하며 자기
길이 든든하지 못하여도
그것을 깨닫지 못하느니

30

를 싫어하며 내 마음이
무거워졌을 가벼이 여기고
(13) 내 선생의 목소리를
청종하지 아니하며 나를
가르치는 이에게 귀를
기울이지 아니하였던고
(14) 많은 무리들이 모인
중에서 큰 악에 빠지게
되었노라 하게 될까 염우
려 하노라 (15) 너는 네
물웅 마시며 네
샘에서 흐르는 물을 마
시라 (16) 어찌하여 네 샘
물을 집 밖으로 넘치게
하며 나 도랑물을 거리
로 흘러가게 하겠느냐
(17) 물이 네게만 있게
하고 타인과 더불어

젖을 나누지 말라 (18) 네
샘으로 복되게 하라 네
가 젊어서 취한 아내를
즐거워하라 (19) 그는 사랑
스러운 암사슴 같고 아
름다운 암노루 같으니
너는 그의 품을 항상
족하게 여기며 그의 사
랑을 항상 연모하라 (20) 음
내 아들아 어찌하여 음
녀를 연모하겠으며 어찌
하여 이방 계집의 가슴
을 안겠느냐 (21) 대저 사
람의 길은 여호와의
앞에 있나니 그가 그
사람의 모든 길을 평탄
하게 하시느니라 (22) 의인
은 자기의 악에 걸리며

그 죄의 줄에 매이나니

23 그는 훈계를 받지 아
니함으로 말미암아 죽겠
고 심히 미련함으로 말
미암아 혼미하게 되느니
라

6장

1 내 아들아 네가 만일
이웃을 위하여 담보하며
타인을 위하여 보증하였
으면 2 네 입의 말로
네가 얽혔으며 네 입의
말로 인하여 잡히게 되
었느니라 3 내 아들아
네가 네 이웃의 손에
빠졌은즉 이같이 하라
너는 곧 가서 겸손히
네 이웃에게 간구하여

스스로 구원하되 [4] 네
눈을 잠들게 하지 말며
눈꺼풀을 감기게 하지
말고 [5] 노루가 사냥꾼의
손에서 벗어나는 것 같이
새가 그물 치는 자의
손에서 벗어나는 것 같이
스스로 구원하라 [6] 게으
른 자여 개미에게 가서
그가 하는 것을 보고
지혜를 얻으라 [7] 개미는
두령도 없고 감독자도
없고 통치자도 없으되
[8] 먹을 것을 여름 동안
에 예비하며 추수 때에
양식을 모으느니라 [9] 게
으른 자여 네가 어느
때까지 누워 있겠느냐

35

네가 어느 때에 잠이
깨어 일어나겠느냐 좀
더 자가, 좀 더 졸자
손을 모우고 좀 더
위하였자 하면 네
궁핍이 강도같이 오며
곤핍이 군사같이 이르리
라 불량하고 악한 자
는 그 부러진 말을 하고
다니며 눈짓을 하며
발로 뜻을 보이며 손가
락질을 하며 그의 마
음에 패역을 품으며 항
상 악을 꾀하여 다룸을
일으키는 자라 그러므
로 그의 재앙이 갑자기
내려 당장에 멸망하여
살릴 길이 없으리라

여호와께서 미워하시는 것 곧 그의 마음에 싫어하시는 것이 일곱 가지이니 17 곧 교만한 눈과 거짓된 혀와 무죄한 자의 피를 흘리는 손과 18 악한 계교를 꾸하는 마음과 빨리 악으로 달려가는 발과 19 거증짓을 말하는 망령된 인과 및 형제 사이를 이간하는 자이니라 20 내 아들아 네 아비의 명령을 지키며 네 어미의 법을 떠나지 말고 21 그것을 항상 네 마음에 새기며 네 목에 매라 22 그것이 네가 다닐 때

에　　너를　인도하며　　네가
잘　때에　　너를　　보호하며
네가　　깰　때에　　너와　더
불어　말하리니　　㉓　대저
명령은　　등불이오　　법은
빛이오　　훈계의　　책망은
곧　생명의　　길이라　㉔　이
것이　너를　　지켜　악한
여인에게,　　이방　여인의
혀로　호리는　　말에　빠지
지　않게　　하리라　㉕　네
마음에　　그의　　아름다움을
탐하지　말며　　그　눈꺼풀
에　홀리지　말라　㉖　음녀
로　말미암아　사람이　한
조각　떡만　남게　됨이며
음란한　여인은　귀한　생
명을　사냥함이니라　㉗　사

람이 불을 품에 품고서

야 어찌 그의 옷이 타

지 아니하겠으며 ❷❽ 사람

이 숯불을 밟고서 아 여 아

지 그의 발이 데지 아

니하겠느냐 ❷❾ 남의 아내

와 통간하는 자도 이와

같을 것이라 그를 만지

는 자마다 벌을 면하지

못하리라 ❸⓪ 도둑이 만일

주릴 때에 배를 채우려

고 도둑질하면 사람이

그를 멸시하지는 아니하

려니와 ❸❶ 들키면 칠배

를 갚아야 하리니 실지

여 자기 집에 있는 것

을 다 내주게 되리라

❸❷ 여인과 간음하는 자는

무지한 자라 이것을 행
하는 자는 자기의 영혼
을 망하게 하며 (33) 상함
과 능욕을 받고 부끄러
움을 씻을 수 없게 되
나니 (34) 남편이 투기로
분노하여 원수 갚는 날
에 용서하지 아니하고
(35) 어떤 보상도 받지 아
니하며 많은 선물을 줄
지라도 듣지 아니하리라

대저 사람의 길은 여호와의 눈앞에 있나니 그가
그 사람의 모든 길을 평탄하게 하시느니라 (잠언 5장 21절)

여호와의 눈앞에 있다는 말은 하나님이 모든 것을 아시기 때문에 어디에서 어떤 죄를
지어도 그분의 심판을 피할 수 없다는 뜻이에요. 그러므로 우리는 이 사실을 기억하고
지혜로운 길을 선택해야 해요. 그것이 하나님을 경외하는 길이에요.

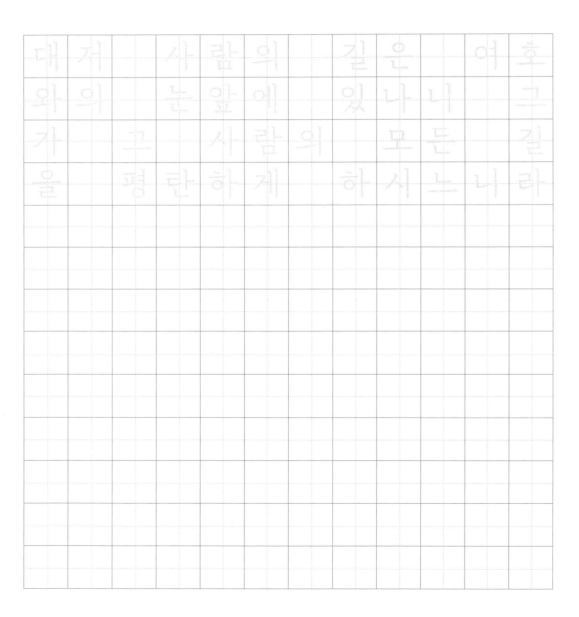

대저 명령은 등불이요 법은 빛이요
훈계의 책망은 곧 생명의 길이라 (잠언 6장 23절)

하나님의 말씀은 '등불'과 '빛', '생명의 길'이에요. 그러므로 하나님의 말씀을 항상 마음에 간직해야 해요. 이렇게 하나님의 말씀은 우리 삶을 이끄는 훌륭한 안내자예요. 그것이 생명의 길을 비추고, 우리를 징계하여 위험에 빠지지 않게 보호하기 때문이에요.

넷째 주

7장

① 내 아들아 내 말을
지키며 내 계명을 간직
② 하라 내 계명을 지켜
살며 내 법을 네 눈동
자처럼 지키라 ③ 이것을
네 손가락에 매며 이것
을 네 마음판에 새기라
④ 지혜에게 너는 내 누
이라 하며 명철에게 너
는 내 친족이라 하라
⑤ 그리하면 이것이 너를
지켜서 음녀에게, 말로
호리는 이방 여인에게
빠지지 않게 하리라 ⑥
내가 내 집 들창으로,
살창으로 내다보다가 ⑦
어리석은 자 중에, 젊

44

맞추며 부끄러움을 모르
는 얼굴로 그에게 말하
되 [14] 내가 화목제를 드
려 서원한 것을 오늘
갚았노라 [15] 이러프로 내
가 너를 맞으려고 나와
네 얼굴을 찾다가 너를
만났도다 [16] 내 침상에는
요와 애굽의 무늬 있는
이불을 폈고 [17] 몰약과
침향과 계피를 뿌렸노라
[18] 오라 우리가 아침까지
흡족하게 서로 사랑하며
사랑함으로 희락하자 [19]
남편은 집을 떠나 먼
길을 갔는데 [20] 은 주머
니를 가졌은즉 보름날에
나 집에 돌아오리라 하

여 ²¹여러 가지 고운 말로 유혹하며 입술의 호리는 말로 ²²꾀므로 젊은이가 곧 그를 따랐으니 소가 도수장으로 가는 것 같고 미련한 자가 벌을 받으려고 쇠사슬에 매이러 가는 것과 같도다 ²³필경은 화살이 그 간을 뚫게 되리라 새가 빨리 그물로 들어가되 그의 생명을 잃어버릴 줄을 알지 못함과 같으니라 ²⁴이제 아들들아 내 말을 듣고 내 입의 말에 주의하라 ²⁵네 마음이 음녀의 길로 치우치지 말며 그

길에　　미혹되지　말지어다
26　대저　그가　많은　사람
을　상하여　엎드러지게
하였나니　그에게　죽은
자가　허다하니라　27 그의
집은　스올의　길이라　사
망의　방으로　내려가느니
라

8장 1 지혜가　부르지　아니하
느냐　명철이　소리를　높
이지　아니하느냐 2 그가
길가의　높은　곳과　네거
리에　서며 3 성문　곁과
문　어귀와　여러　출입하
는　문에서　불러　이르되
4 사람들아　내가　너희를
부르며　내가　인자들에게

48

소 리 를 　 놀 이 노 라 ⑤ 어 리

석 은 　 자 돌 아 　 너 희 는 　 명

철 할 지 나 라 　 미 련 한 　 가 퉅

이 　 너 희 는 　 마 음 이 　 밤 을

지 니 라 ⑥ 너 희 는 　 돌 을 지

이 다 　 내 가 　 가 장 　 선 한

것 을 　 말 하 리 라 　 내 　 입 술

을 　 열 어 　 정 직 을 　 내 리 라

⑦ 내 　 입 은 　 진 리 를 　 말 하

거 니 와 　 내 　 입 술 은 　 악 을 미

하 느 니 라 ⑧ 내 의 입 의

말 은 　 다 의 로 운 즉

굽 은 　 데 에 　 굽 은 　 것 과 　 패

역 한 　 것 이 　 없 나 니 ⑨ 어

이 는 　 다 　 총 명 　 있 는 　 자 가

밝 히 　 아 는 　 바 요 　 지 식 을

얻 은 　 자 가 가 　 정 직 하 게 여

기 는 　 바 니 라 ⑩ 너 희 가

은을 받지 말고 나의

훈계를 받으며 정금보다

지식을 얻으라 ⑪ 더 저

지혜는 진주보다 나으므

로 원하는 모든 것을

이에 비교할 수 없음이

니라 ⑫ 나 지혜는 명철

로 주소를 삼으며 지식

과 근신을 찾아 얻나니

⑬ 여호와를 경외하는 것

은 악을 미워하는 것이

라 나는 교만과 거만과

악한 행실과 패역한 입

을 미워하느니라 ⑭ 내게

는 계략과 참 지식이

있으며 나는 명철이라

내게 능력이 있으므로

⑮ 나로 말미암아 왕들이

물을 얻어서 그 곳간에
채우게 하려 함이니라
㉒ 여호와께서 그 조화의
시작 곧 태초에 일하시
기 전에 나를 가지셨으
며 ㉓ 만세 전부터, 태
초부터, 땅이 생기기
전부터 내가 세움을 받
았나니 ㉔ 아직 바다가
생기지 아니하였고 큰
샘들이 있기 전에 내가
이미 났으며 ㉕ 산이 세
워지기 전에, 언덕이
생기기 전에 내가 이미
났으니 ㉖ 하나님이 아직
땅도, 들도, 세상 진
토의 근원도 짓지 아니
하셨을 때에라 ㉗ 그가

내게 들으라 내 도를
지키는 자가 복이 있느
니라 (33) 훈계를 들어서
지혜를 얻으라 그것을
버리지 말라 (34) 누구든지
내게 들으며 날마다
문 곁에서 기다리며
설주 옆에서 기다리는
자는 복이 있나니 (35) 대
저 나를 얻는 자는 생은
명을 얻고 여호와께
총을 얻을 것임이니라
(36) 그러나 나를 잃는 자
는 자기의 영혼을 해하
는 자라 나를 미워하는
자는 사망을 사랑하느니
라

내 계명을 지켜 살며 내 법을 네 눈동자처럼 지키라
(잠언 7장 2절)

솔로몬은 하나님이 말씀하시는 것을 잘 지키고 또 이 말씀을 자기 눈동자처럼 소중히 하라고 당부하고 있어요. 하나님의 말씀만이 하나님이 싫어하시는 죄가 나를 유혹할 때 나를 지켜줄 수 있기 때문이에요.

여호와를 경외하는 것은 악을 미워하는 것이라
나는 교만과 거만과 악한 행실과 패역한 입을 미워하느니라
(잠언 8장 13절)

하나님을 경외한다는 것은 교만과 거만함, 악한 행동과 말을 항상 미워하는 것과 같아요.
우리는 참된 지혜와 단순한 영리함을 혼동해서는 안 돼요. '똑똑하고 영리한 사람이 특히
보이기 쉬운' 건방진 교만은 참된 지혜가 아니에요.

9장

1 지혜가 그의 집을 짓고 일곱 기둥을 다듬고

2 짐승을 잡으며 포도주를 혼합하여 상을 차리고

3 자기의 여종을 보내어 성중 높은 곳에서 불러 이르기를

4 어리석은 자는 이리로 돌이키라 또 지혜 없는 자에게 이르기를

5 너는 와서 내 식물을 먹으며 내가 혼합한 포도주를 마시고

6 어리석음을 버리고 생명을 얻으라 명철의 길을 행하라 하느니라

7 거만한 자를 징계하는 자는 도리어 능욕

58

울 밝 고 　 악 인 울 책 망 하
는 　 자 는 　 도 리 어 　 흠 이
잡 하 느 니 라 ⑧ 거 만 한 　 자
를 　 책 망 하 지 　 말 라 　 그 가
너 를 　 미 위 할 까 　 두 려 위
니 라 　 지 혜 　 있 는 　 자 를 　 책
망 하 라 　 그 가 　 너 를 　 사 랑
하 리 라 ⑨ 기 혜 　 더 하 자
에 게 　 교 훈 을 　 더 하 라 　 그
가 　 더 욱 　 지 혜 로 위 질 　 것
이 요 　 의 로 은 　 사 람 을
로 치 라 　 그 의 　 학 식 이 　 더
하 리 라 ⑩ 어 　 것 의 를 　 경 외
하 는 　 것 이 　 지 혜 의 　 근 본
이 요 　 거 룩 하 신 　 자 를 　 아
는 　 것 이 　 명 철 이 니 라 ⑪
나 　 지 혜 로 　 말 미 암 아 　 네
날 이 　 많 아 질 　 것 이 요 　 네

생명의　　　해가　　　세계　　　더하

리　⑫　내가　　　만일　　　기해

토　면　　구　　지　혜　　네　계

우　여　한　것이　나　네가　만

일　　만하　면　　　　로

롤　당하리　리　⑬　피련한

에인이　미　물며　어리석　못아

시어　두　것도　알지문에　하앗

크　⑭　가　기　집은　곳시여

와　썽을　앗아　가는이로되

있는　자리에　　　　　⑮

자가　길을　피로　가이로되

행인　물을　불리가는이　리로

⑯　이리석은　가지　혜없는　도는

물이키라　뜩　기　혜　로

자예계　이로　기를　⑰　도둑

점한　물이　말큼　몰래

먼는　떡이　맛이　있다

리는 자는 가난하게 되
고 손이 부지런한 자는
부하게 되느니라 ⑤ 여름
에 거두는 자는 지혜로
운 아들이나 추수 때에
자는 자는 부끄러움을
끼치는 아들이니라 ⑥ 의
인의 머리에는 복이 임
하나 악인의 입은 독을
머금었느니라 ⑦ 의인을
기념할 때에는 칭찬하거
니와 악인의 이름은 썩
게 되느니라 ⑧ 마음이
지혜로운 자는 계명을
받거니와 입이 미련한
자는 멸망하리라 ⑨ 바른
길로 행하는 자는 걸음
이 평안하려니와 굽은

요 가난한 자의 궁핍은
글의 멸망이니라 [16] 의인
의 수고는 생명에 이로
고 악인의 소득은 죄에
이르느니라 [17] 훈계를 지
키는 자는 생명 길로
행하여도 징계를 버리는
자는 그릇 가느니라 [18]
미움을 감추는 자는 거
짓된 입술을 가진 자요
중상하는 자는 미련한
자이니라 [19] 말이 많으면
허물을 면하기 어려우나
그 입술을 제어하는 자
는 지혜가 있느니라 [20]
의인의 혀는 순은과 갈
거니와 악인의 마음은
가치가 적으니라 [21] 의인

의 입술은 여러 사람을
교육하나 미련한 자는
지식이 없어 죽느니라
㉒ 여호와께서 주시는 복
은 사람을 부하게 하고
근심을 겸하여 주지 아
니하시느니라 ㉓ 미련한
자는 행악으로 낙을 삼
는 것같이 명철한 자는
지혜로 낙을 삼느니라
㉔ 악인에게는 그의 두려
워하는 것이 임하거니와
의인은 그 원하는 것이
이루어지느니라 ㉕ 회오리
바람이 지나가면 악인은
없어져도 의인은 영원한
기초 같으니라 ㉖ 게으른
자는 그 부리는 사람에

게 마치 이예 식초 갈
코 눈에 연기 갈 오니라
㉗ 여호와를 경외하면 장
수하느니라 그러나 악인
의 수명은 짧아지느니라
㉘ 의인의 소망은 즐거움
을 이루어도 악인의 소
망은 끊어지느니라 ㉙ 여
호와의 도가 정직한 자
에게는 산성이오 행악하
는 자에게는 멸망이니라
㉚ 의인은 영영히 이동되
지 아니하여도 악인은
땅에 거하지 못하게 되
느니라 ㉛ 의인의 입은
지혜를 내어도 패역한
혀는 베임을 당할 것이
니라 ㉜ 의인의 입술은

66

기쁘게 할 것을 알거늘
악인의 입은 패역을 말
하느니라

네가 만일 지혜로우면 그 지혜가 네게 유익할 것이나
네가 만일 거만하면 너 홀로 해를 당하리라 (잠언 9장 12절)

지혜는 생명을 가져다주어요(11절). 이 말은 어리석음은 죽음을 가져온다는 뜻이기도 해요. 지혜를 선택했을 때 가장 큰 이득을 보는 사람은 바로 자기 자신이에요. 따라서 지혜를 무시한 거만함으로 어려움을 당하는 사람은 남을 탓할 게 아니라 자신을 탓해야 해요.

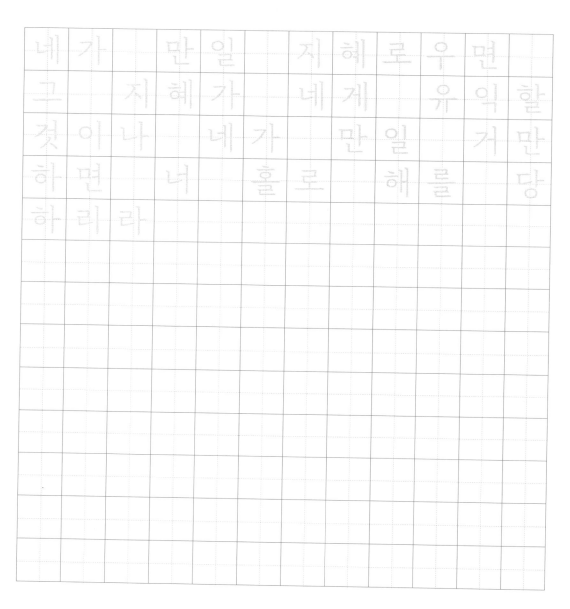

솔로몬의 잠언이라 지혜로운 아들은 아비를 기쁘게 하거니와
미련한 아들은 어미의 근심이니라 (잠언 10장 1절)

솔로몬은 부모와 자녀의 관계를 예로 들어 지혜와 어리석음을 설명하고 있어요. 자녀가
지혜나 어리석음 중 무엇을 택하느냐에 따라서 부모님께 기쁨이나 근심을 주지요. 나의
행동은 내가 선택해서 하는 것이지만 나 혼자만의 일이 아니라는 것을 기억해야 해요.

여섯째 주

11장

속 이 는 저 울 은 여 호 와

께 서 미 워 하 시 나 공 평 한

추 는 그 가 기 뻐 하 시 느 니

라 교 만 이 오 면 욕 도

오 거 니 와 겸 손 한 자 에 게

는 지 혜 가 있 느 니 라

정 직 한 자 의 성 실 은 자

기 를 인 도 하 거 니 와 사 악

한 자 의 패 역 은 자 기 를

망 하 게 하 느 니 라 재 물

은 진 노 하 시 는 날 에 무

익 하 나 공 의 는 죽 음 에 서

건 지 느 니 라 완 전 한 자

의 공 의 는 자 기 의 길 을

곧 게 하 려 니 와 악 한 자

는 자 기 의 악 으 로 말 미

암 아 넘 어 지 리 라 정 직

70

한 자의 공의는 자기를
건지려니와 사악한 자는
자기의 악에 잡히리라

7 악인은 죽을 때에 그의
소망이 끊어지고 불의
의 소망이 없어지느니라

8 의인은 환난에서 구
원을 얻으나 악인은 자 **9**
기의 길로 가느니라 악
인은 입으로 그의 이웃
을 망하게 하여도 의인
은 그의 지식으로 말미
암아 구원을 얻느니라

10 의인이 형통하면 성읍
이 즐거워하고 악인이
패망하면 기뻐 외치느니
11 라 성읍은 정직한 자
의 축복으로 인하여 견

흥하고 악한 자의 입으
로 말미암아 무너지느니
라 12 지혜 없는 자는
그의 이웃을 멸시하나
명철한 자는 잠잠하느니
라 13 두루 다니며 한담
하는 자는 남의 비밀을
누설하나 마음이 신실한
자는 그런 것을 숨기느
니라 14 지략이 없으면
백성이 망하여도 지략이
많으면 평안을 누리느니
라 15 타인을 위하여 보
증이 되는 자는 손해를
당하여도 보증이 되기를
싫어하는 자는 평안하니
라 16 유덕한 여자는 존
영을 얻고 근면한 남자

는　재물을　얻느니라　⑰
인자한　자는　자기의　영
혼을　이롭게　하고　잔인
한　자는　자기의　몸을
해롭게　하느니라　⑱　악인
의　삯은　허무하되　공의
를　뿌린　자의　상은　확
실하니라　⑲　공의를　굳게
지키는　자는　생명에　이
르고　악을　따르는　자는
사망에　이르느니라　⑳　마
음이　굽은　자는　여호와
께　미움을　받아도　행위
가　온전한　자는　그의
기뻐하심을　받느니라　㉑
악인은　피차　손을　잡을
지라도　벌을　면하지　못
할　것이나　의인의　자손

은　구원을　열으리라　22

아름다운　여인이　삼가지

아니하는　것은　마치　돼

지　코에　금　고리　같으

니라　23　의인의　소원은

오직　선하나　악인의　소

망은　진노를　이루느니라

24　흩어　구제하여도　더욱

부하게　되는　일이　있나

니　과도히　아껴도　가난

하게　될　뿐이니라　25　구

제를　좋아하는　자는　풍

족하여질　것이요　남을

윤택하게　하는　자는　자

기도　윤택하여지리라　26

곡식을　내놓지　아니하는

자는　백성에게　저주를

받을　것이나　파는　자는

그의 머리에 복이 임하
리라 (27) 선을 간절히 구
하는 자는 은총을 얻으
려니와 악을 더듬어 찾
는 자에게는 악이 임하
리라 (28) 자기의 재물을
의지하는 자는 패망하려
니와 의인은 푸른 잎사
귀 같아서 번성하리라
(29) 자기 집을 해롭게 하
는 자의 소득은 바람이
라 미련한 자는 마음이
지혜로운 자의 종이 되
리라 (30) 의인의 열매는
생명나무라 지혜로운 자
는 사람을 얻느니라 (31)
보라 의인이라도 이 세
상에서 보응을 받겠거든

하물며 악인과 죄인이리
요

1 훈계를 좋아하는 자는
지식을 좋아하거니와 징
계를 싫어하는 자는 짐
승과 같으니라 2 선인은
여호와께 은총을 받으려
니와 악을 꾀하는 자는
정죄하심을 받으리라
사람이 악으로서 굳게
서지 못하거니와 의인의
뿌리는 움직이지 아니하
느니라 4 어진 여인은
그 지아비의 면류관이나
욕을 끼치는 여인은 그
지아비의 뼈가 썩음 같
게 하느니라 5 의인의

76

생각은　정직하여도　악인

의　도모는　속임이니라

(6)　악인의　말은　사람을

엿보아　피를　흘리자　하

는　것이거니와　정직한

자의　입은　사람을　구원

하느니라　(7)　악인은　엎드

러져서　소멸되려니와　의

인의　집은　서　있으리라

(8)　사람은　그　지혜대로

칭찬을　받으려니와　마음

이　굽은　자는　멸시를

받으리라　(9)　비천하여　김

을　받을지라도　종을　부

리는　자는　스스로　높은

체하고도　음식이　필절한

자보다　나오니라　(10)　의인

은　자기의　가축의　생명

을 돌보나 악인의 긍휼
은 잔인이니라 11 자기의
토지를 경작하는 자는
먹을 것이 많거니와 방
탕한 것을 따르는 자는
지혜가 없느니라 12 악인
은 불의의 이익을 탐하
나 의인은 그 뿌리로
말미암아 결실하느니라
13 악인은 입술의 허물로
말미암아 그 물에 걸려도
의인은 환난에서 벗어나
느니라 14 사람은 입의
열매로 말미암아 복록에
족하며 그 손이 행하는
대로 자기가 받느니라
15 미련한 자는 자기 행
위를 바른 줄로 여기나

지혜로운 자는 권고를
투느니라 ⑯ 미련한 자는
당장 분노를 내나 내거니
와 슬기로운 자는 수욕
을 참느니라 ⑰ 진리를
말하는 자는 의를 나타
내어도 거짓 증인은 속
이는 말을 하느니라 ⑱
칼로 찌름 같이 함부로
말하는 자가 있거니와
지혜로운 자의 혀는 양
약과 같으니라 ⑲ 진실한
입술은 영원히 보존되거
니와 거짓 혀는 잠시
동안만 있을 뿐이니라
⑳ 악을 꾀하는 자의 마
음에는 속임이 있고 화
평을 의논하는 자에게는

희락이 있느니라 **21** 의인
에게는 어떤 재앙도 임
하지 아니하려니와 악인
에게는 앙화가 가득하리
라 **22** 거짓 입술은 여호
와께 미움을 받아도 진
실하게 행하는 자는 그
의 기뻐하심을 받느니라
23 슬기로운 자는 지식을
감추어도 미련한 자의
마음은 미련한 것을 전
파하느니라 **24** 부지런한
자의 손은 사람을 다스
리게 되어도 게으른 자
는 부림을 받느니라 **25**
근심이 사람의 마음에
있으면 그것으로 번뇌하
게 되나 선한 말은 그

것을 즐겁게 하느니라
26 의인은 그 이웃의 인
도자가 되나 악인의 소
행은 자신을 미혹하느니
라 27 게으른 자는 그
잡을 것도 사냥하지 아
니하나니 사람의 부귀는
부지런한 것이니라 28 공
의로운 길에 생명이 있
나니 그 길에는 사망이
없느니라

구제를 좋아하는 자는 풍족하여질 것이요
남을 윤택하게 하는 자는 자기도 윤택하여지리라
(잠언 11장 25절)

지혜로운 사람은 특히 가난한 사람들에게 아낌없이 베풀어요. 다른 사람에게 인색한 구두쇠가 아니에요. 신기하게도 넉넉히 베푸는 사람의 재산은 더 많아지고 구두쇠의 재산은 점점 줄어서 가난하게 되요(24절).

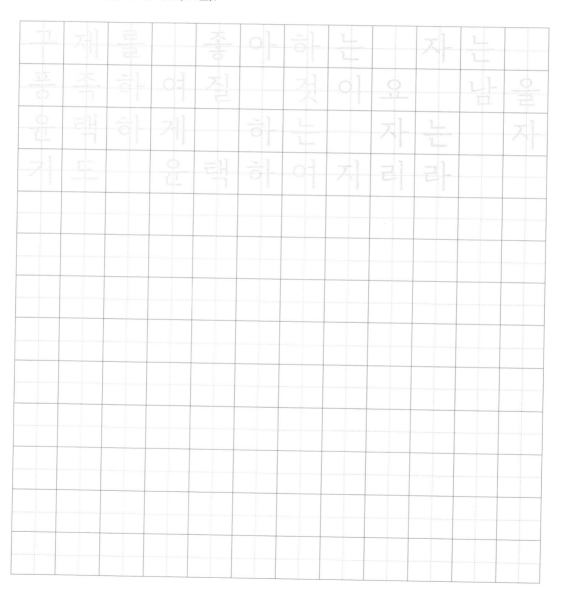

근심이 사람의 마음에 있으면 그것으로 번뇌하게 되나
선한 말은 그것을 즐겁게 하느니라
(잠언 12장 25절)

좋은 말, 격려하는 말에는 힘이 있어서 괴로운 마음의 해독제가 돼요. 또 앞날을 더 멀리
내다보게 해 주고 걱정하고 염려하는 이유를 제대로 바라볼 수 있도록 힘을 북돋아 줘요.

일곱째 주

13장

① 지혜로운 아들은 아비
의 훈계를 들으나 거만
한 자는 꾸지람을 즐겨
듣지 아니하느니라 ② 사
람은 입의 열매로 인하
여 복록을 누리거니와
마음이 궤사한 자는 강
포를 당하느니라 ③ 입을
지키는 자는 자기의 생
명을 보전하나 입술을
크게 벌리는 자에게는
멸망이 오느니라 ④ 게으
른 자는 마음으로 원하
여도 얻지 못하나 부지
런한 자의 마음은 풍족
함을 얻느니라 ⑤ 의인은
거짓말을 미워하나 악인

84

은 행위가 흉악하여 부
끄러운데에 이르느니라
6 공의는 행실이 정직한
자를 보호하고 악은 죄
인을 패망하게 하느니라
7 스스로 부한 체하여도
아무것도 없는 자가 있
고 스스로 가난한 체하
어도 재물이 많은 자가
있느니라 8 사람의 재물
이 자기 생명의 속전일
수 있으나 가난한 자는
협박을 받을 일이 없느
니라 9 의인의 빛은 환
하게 빛나고 악인의 등
불은 꺼지느니라 10 교만
에서는 다툼만 일어날
뿐이라 권면을 듣는 자

는　　지혜가　있느니라 ⑪
망령되이　얻은　재물은
줄어가고　손으로　모은
것은　늘어가느니라 ⑫ 소
망이　더디　이루어지면
그것이　마음을　상하게
하거니와　소원이　이루어
지는　것은　곧　생명나무
니라 ⑬ 말씀을　멸시하는
자는　자기에게　패망을
이루고　계명을　두려워하
는　자는　상을　받느니라
⑭ 지혜　있는　자의　교훈
은　생명의　샘이니　사망
의　그물에서　벗어나게
하느니라 ⑮ 선한　지혜는
은혜를　베푸나　사악한
자의　길은　험하니라 ⑯

무릇 슬기로운 자는 지식으로 행하거니와 미련한 자는 자기의 미련한 것을 나타내느니라 ⑰ 악한 사자는 재앙에 빠져도 충성된 사신은 양약이 되느니라 ⑱ 훈계를 저버리는 자에게는 궁핍과 수욕이 이르거니와 경계를 받는 자는 존영을 받느니라 ⑲ 소원을 성취하면 마음에 달아도 미련한 자는 악에서 떠나기를 싫어하느니라 ⑳ 지혜로운 자와 동행하면 지혜를 얻고 미련한 자와 사귀면 해를 받느니라 ㉑ 재앙은 죄인을 따

로 고 선 한 보 응 은 의 인
에 게 이 르 느 니 라 **22** 선 인
은 그 산 업 을 자 자 손 손
에 게 끼 쳐 도 죄 인 의 재
물 은 의 인 을 위 하 여 쌓
이 느 니 라 **23** 가 난 한 자 는
밭 을 경 작 함 으 로 양 식 이
많 아 지 거 니 와 불 의 로 말
미 암 아 가 산 을 탕 진 하 는
자 가 있 느 니 라 **24** 매 를
아 끼 는 자 는 그 의 자 식
을 미 워 함 이 라 자 식 을
사 랑 하 는 자 는 근 실 히
징 계 하 느 니 라 **25** 의 인 은
포 식 하 여 도 악 인 의 배 는
주 리 느 니 라

1 지혜로운 여인은 자기 집을 세우되 미련한 여인은 자기 손으로 그것을 허느니라 2 정직하게 행하는 자는 여호와를 경외하여도 패역하게 행하는 자는 여호와를 멸하느니라 3 미련한 자는 교만하여 입으로 매를 자청하고 지혜로운 자의 입술은 자기를 보전하느니라 4 소가 없으면 구유는 깨끗하려니와 소의 힘으로 얻는 것이 많으니라 5 신실한 증인은 거짓말을 아니하여도 거짓 증인은 거짓말을 뱉느니라 6 거만한 자는

지혜를 구하여도 얻지
못하거니와 명철한 자는
지식 얻기가 쉬우니라
7 너는 미련한 자의 앞
을 떠나라 그 입술에
지식 있음을 보지 못함
이니라 8 슬기로운 자의
지혜는 자기의 길을 아
는 것이라도 미련한 자
의 어리석음은 속이는
것이니라 9 미련한 자는
죄를 심상히 여겨도 정
직한 자 중에는 은혜가
있느니라 10 마음의 고통
은 자기가 알고 마음의
즐거움은 타인이 참여하
지 못하느니라 11 악한
자의 집은 망하겠고 정

직한 자의 장막은 흥하

리라 (12) 어떤 길은 사람

이 보기에 바르나 필경 (13)

은 사망의 길이니라

웃을 때에도 마음에 슬

픔이 있고 즐거움의 끝

에도 근심이 있느니라

(14) 마음이 굽은 자는 자

기 행위로 보응이 가득

하겠고 선한 사람도 자

기의 행위로 그러하리라

(15) 어리석은 자는 온 갖

말을 믿으나 슬기로운

자는 자기의 행동을 삼

가느니라 (16) 지혜로운 자

는 두려워하여 악을 떠

나나 어리석은 자는 방

자하여 스스로 믿느니라

91

17 노하기를 속히 하는

자는 어리석은 일을 행

하고 악한 계교를 꾀하

는 자는 미움을 받느니

라 18 어리석은 자는 어

리석음으로 기업을 삼아

도 슬기로운 자는 지식

으로 면류관을 삼느니라

19 악인은 선인 앞에 엎

드리고 불의한 자는 의

인의 문에 엎드리느니라

20 가난한 자는 이웃에게

도 미움을 받게 되나

부요한 자는 친구가 많

으니라 21 이웃을 업신여

기는 자는 죄를 범하는

자요 빈곤한 자를 불쌍

히 여기는 자는 복이

있는 자니라 (22) 악을 도

못하는 자는 잘못을 가는

것이 아니나 선을 도모

하는 자에게는 인자와

진리가 있으리라 (23) 모든

수고에는 이익이 있어도

입술의 말은 궁핍을 이

룰 뿐이니라 (24) 지혜로운

자의 재물은 그의 면류

관이오 미련한 자의 소

유는 다만 미련한 것이

니라 (25) 긴실한 증인은

사람의 생명을 구원하여

도 거짓말을 뱉는 사람

은 속이느니라 (26) 여호와

를 경외하는 자에게는

견고한 의뢰가 있나니

그 자녀들에게 피난처가

있으리라 27 여호와를 경
외하는 것은 생명의 샘
이니 사망의 그물에서
벗어나게 하느니라 28 백
성이 많은 것은 왕의
영광이요 백성이 적은
것은 주권자의 패망이니
라 29 노하기를 더디 하
는 자는 크게 명철하여
도 마음이 조급한 자는
어리석음을 나타내느니라
30 평온한 마음은 육신의
생명이나 시기는 뼈를
썩게 하느니라 31 가난한
사람을 학대하는 자는
그를 지으신 이를 멸시
하는 자요 궁핍한 사람
을 불쌍히 여기는 자는

주를 공경하는 가니라

32 악인은 그의 환난에
엎드러져도 의인은 그의
죽음에도 소망이 있느니

33 라 지혜는 명철한 자의
마음에 머물거니와
미련한 자의 속에 있는
것은 나타나느니라 **34** 공
의는 나라를 영화롭게
하고 죄는 백성을 욕되
게 하느니라 **35** 슬기롭게
행하는 신하는 왕에게
은총을 입고 욕을 기치
는 신하는 그의 진노를
망하느니라

망령되이 얻은 재물은 줄어가고
손으로 모은 것은 늘어가느니라 (잠언 13장 11절)

열심히 끈기 있게 일하는 지혜로운 사람의 재물은 점점 늘어나요. 때때로 게으른 사람이 많은 재물을 얻기도 하지만 그것을 오래가지 못해요. 잘못된 방법을 쓰거나 너무 쉽게 얻은 재물은 줄어들게 마련이에요.

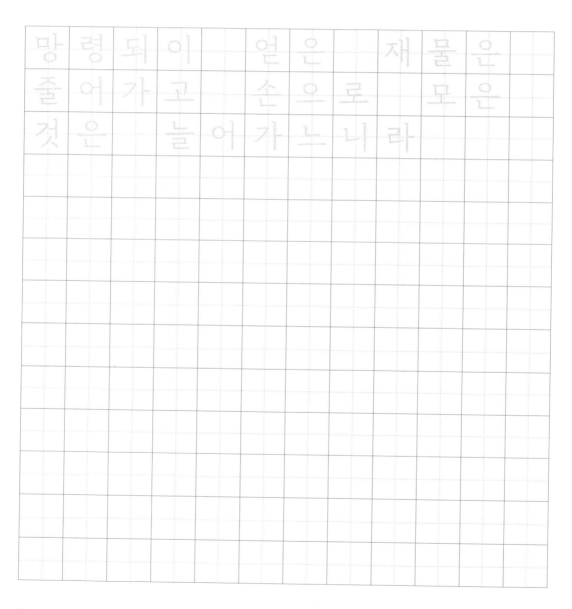

이웃을 업신여기는 자는 죄를 범하는 자요
빈곤한 자를 불쌍히 여기는 자는 복이 있는 자니라
(잠언 14장 21절)

사람들은 보통 부자를 좋아하고 가난한 사람은 무시해요. 하지만 지혜 있는 사람은 가난한 사람을 무시하고 괴롭히는 것은 하나님이 싫어하시는 죄라는 것을 알고 가난한 이웃을 도와줘요. 그런 사람은 하나님이 주시는 복을 누리게 돼요.

97

여덟째 주

15장

1 유순한 대답은 분노를
쉽게 하여도 과격한 말
은 노를 격동하느니라
2 지혜 있는 자의 혀는
지식을 선하 베풀고 미
련한 자의 입은 미련한
것을 쏟느니라 3 여호와
의 눈은 어디서든지 악
인과 선인을 감찰하시느
니라 4 온순한 혀는 곧
생명나무이지만 패역한
혀는 마음을 상하게 하
느니라 5 아비의 훈계를
업신여기는 자는 미련한
자요 경계를 받는 자는
슬기를 얻을 자니라 6
의인의 집에는 많은 보

98

물이 있어도 악인의 소
득은 고통이 되느니라
⑦ 지혜로운 자의 입술은
지식을 전파하여도 미련
한 자의 마음은 경함이
없느니라 ⑧ 악인의 제사
는 여호와께서 미워하셔
도 정직한 자의 기도는
그가 기뻐하시느니라 ⑨
악인의 길은 여호와께서
미워하셔도 공의를 따라
가는 자는 그가 사랑하
시느니라 ⑩ 도를 배반하
는 자는 엄한 징계를
받을 것이오 견책을 싫
어하는 자는 죽을 것이
니라 ⑪ 스올과 아바돈도
여호와의 앞에 드러나거

99

든　하물며　사람의　마음

이리오　⑫거만한　자는

견책　받기를　좋아하지

아니하며　지혜　있는　자

에게로　가지도　아니하느

니라　⑬마음의　즐거움은

얼굴을　빛나게　하여도

마음의　근심은　심령을

상하게　하느니라　⑭명철

한　자의　마음은　지식을

요구하고　미련한　자의

입은　미련한　것을　즐기

느니라　⑮고난　받는　자

는　그　날이　다　험악하나

마음이　즐거운　자는　항

상　잔치하느니라　⑯가산

이　적어도　여호와를　경

외하는　것이　크게　부하

17

18

19

20

21

길을　바르게　하느니라
(22) 의논이　없으면　경영이
무너지고　지략이　많으면
경영이　성립하느니라 (23)
사람은　그　입의　대답으
로　말미암아　기쁨을　얻
나니　때에　맞는　말이
얼마나　아름다운고 (24) 지
혜로운　자는　위로　향한
생명　길로　말미암음으로
그　아래에　있는　스올을
떠나게　되느니라 (25) 여호
와는　교만한　자의　집을
허시며　과부의　지계를
정하시느니라 (26) 악한　꾀
는　여호와께서　미워하시
나　선한　말은　정결하니
라 (27) 이익을　탐하는　자

눈 자기 집을 해롭기

하나 뇌물을 싫어하는

자는 살게 되느니라

의인의 마음은 대답할

말을 깊이 생각하여도

악인의 입는 악을 쏟느

나라 여호와는 악인을

멀리하시고 의인의

를 들으시느니라

밝은 것은 마음을 기쁘

게 하고 좋은 기별은

뼈를 윤택하게 하느니라

생명위 경계를 사는

귀는 지혜로운 사람 가운

데에 있느니라 훈계를

받기를 싫어하는 자는

자기의 영혼을 경히 여

김이라 견책을 달게 받

는　　자는　지식을　얻느니
라　33　여호와를　경외하는
것은　　지혜의　훈계라　겸
손은　　존귀의　길잡이니라

16장

1　마음의　경영은　사람에
게　있어도　말의　응답은
여호와께로부터　나오느니
라　2　사람의　행위가　자
기　보기에는　모두　깨끗
하여도　여호와는　심령을
감찰하시느니라　3　너의
행사를　여호와께　맡기라
그리하면　네가　경영하는
것이　이루어지리라　4　여
호와께서　온갖　것을　그
쓰임에　적당하게　지으셨
나니　악인도　악한　날에

적당하게 하셨느니라 ⑤

무릇 마음이 교만한 자를 여호와께서 미워하시

나니 피차 손을 잡을지라도 벌을 면하지 못하

리라 ⑥ 인자와 진리로 인하여 죄악이 속하게

되고 여호와를 경외함으로 말미암아 악에서 떠

나게 되느니라 ⑦ 사람의 행위가 여호와를 기쁘시

게 하면 그 사람의 원수라도 그와 더불어 화

목하게 하시느니라 ⑧ 적은 소득이 공의를 겸하

면 많은 소득이 불의를 겸한 것보다 나으니라

⑨ 사람이 마음으로 자기

의 길을 계획할지라도
그의 걸음을 인도하시는
이는 여호와시니라 ⑩ 하
나님의 말씀이 왕의 입
술에 있은즉 재판할 때
에 그의 입이 그릇치지
아니하리라 ⑪ 공평한 저
울과 접시저울은 여호와
의 것이오 주머니 속의
저울추도 다 그가 지으
신 것이니라 ⑫ 악을 행
하는 것은 왕들이 미위
할 바니 이는 그 보좌
가 공의로 말미암아 굳
게 섬이니라 ⑬ 의로운
입술은 왕들이 기뻐하는
것이오 정직하게 말하는
자는 그들의 사랑을 입

는 나라 (14) 왕 의　진 노 는
죽 음 의　사 자 들 과　같 아 도
지 혜 로 운　사 람 은　그 것 을
쉬 게　하 리 라 (15) 왕 의　희
색 은　생 명 을　뜻 하 나 니
그 의　은 택 이　늦 은　비 를
내 리 는　구 름 과　같 으 니 라
(16) 지 혜 를　얻 는　것 이　금
을　얻 는　것 보 다　얼 마 나
나 은 고　명 철 을　얻 는　것
이　은 을　얻 는　것 보 다
더 욱　나 으 니 라 (17) 악 을
떠 나 는　것 은　정 직 한　사
람 의　대 로 이 니　자 기 의
길 을　지 키 는　자 는　자 기
의　영 혼 을　보 전 하 느 니 라
(18) 고 만 은　패 망 의　선 봉 이
요　거 만 한　마 음 은　넘 어

짐의 앞잡이니라 ⑲ 겸손
한 자와 함께 하여 마
음을 낮추는 것이 교만
한 자와 함께 하여 탈
취물을 나누는 것보다
나으니라 ⑳ 삼가 말씀에
주의하는 자는 좋은 것의
울 얻나니 여호와를
지하는 자는 복이 있느
니라 ㉑ 마음이 지혜로운
자는 명철하다 일컬음을
받고 입이 선한 자는
남의 학식을 더하게 하
느니라 ㉒ 명철한 자에게
는 그 명철이 생명의
샘이 되거니와 미련한
자에게는 그 미련한 것
이 징계가 되느니라 ㉓

지혜로운 자의 마음은 그의 입을 슬기롭게 하고 또 그의 입술에 지식을 더하느니라 ㉔ 선한 말은 꿀송이 같아서 마음에 달고 뼈에 양약이 되느니라 ㉕ 어떤 길은 사람이 보기에 바르나 필경은 사망의 길이니라 ㉖ 고되게 일하는 자는 식욕으로 말미암아 애쓰나니 이는 그의 입이 자기를 독촉함이니라 ㉗ 불량한 자는 악을 꾀하나니 그 입술에는 맹렬한 불 같은 것이 있느니라 ㉘ 패역한 자는 다툼을 일으키고 말쟁이는

친한 벗을 이간하느니라 29 강포한 사람은 그 이웃을 꾀어 좋지 아니한 길로 인도하느니라 30 눈짓을 하는 자는 패역한 일을 도모하며 입술을 닫는 자는 악한 일을 이루느니라 31 백발은 영화의 면류관이라 공의로운 길에서 얻으리라 32 노하기를 더디 하는 자는 용사보다 낫고 자기의 마음을 다스리는 자는 성을 빼앗는 자보다 나으니라 33 제비는 사람이 뽑으나 모든 일을 작정하기는 여호와께 있느니라

마음의 즐거움은 얼굴을 빛나게 하여도
마음의 근심은 심령을 상하게 하느니라 (잠언 15장 13절)

마음이 즐거우면 얼굴이 빛나고 마음에 근심이 많은 사람은 활력을 잃어가요. 가난이나 질병으로 걱정하고 염려하는 사람은 하루하루가 매우 힘들지만, 그런 걱정과 염려를 하나님께 맡기고 마음이 즐거운 사람은 매일매일이 축제예요.

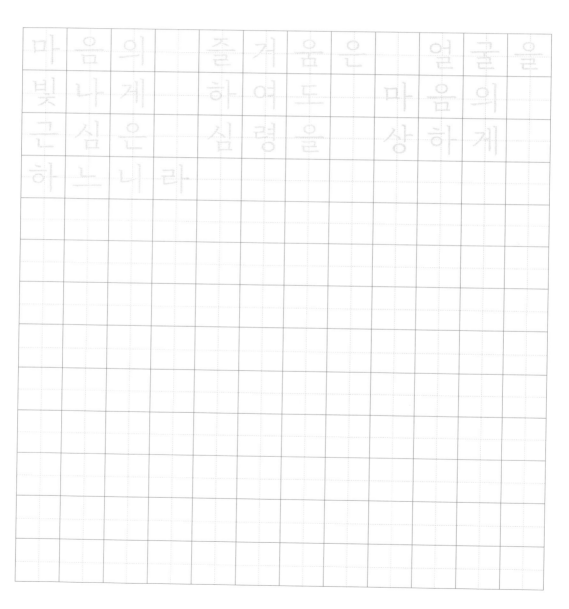

사람이 마음으로 자기의 길을 계획할지라도
그의 걸음을 인도하시는 이는 여호와시니라 (잠언 16장 9절)

사람이 아무리 계획을 잘 세워도 하나님께서 이끌어 주시지 않으면 그 계획은 이루어질 수 없고 성공하지 못해요. 우리는 하나님을 의지하며 하나님의 말씀을 따라 사는 것이 지혜로운 삶이라는 사실을 기억해야 해요.

아홉째 주

17장

1 마른 떡 한 조각만
있고도 화목하는 것이
제육이 집에 가득하고도
다투는 것보다 나으니라

2 슬기로운 종은 주인의
2 아들 둘 중에 하는
형제들 이 종에 다스리겠고 유업을 또을
나누느리라
나눌 영원,
우린 연단하거니와 여호와
단련 행하는 자는 말
사악한 업술이 하는 말
울 살을 듣고 거짓말을 혀가
하는 자는 악한 혀가 기울이
하느 말에 귀를 기울이

114

랑을 구하는 자요 그것

울 거듭 말하는 자는

친한 벗을 이간하는 자

니라 **10** 한 마디 말로

총명한 자에게 충고하는

것이 매 백 대로 미련

한 자를 때리는 것보다

더욱 깊이 박히느니라

11 악한 자는 반역만 힘

쓰나니 그러므로 그에게

잔인한 사자가 보냄을

받으리라 **12** 차라리 새끼

빼앗긴 암곰을 만날지언

정 미련한 일을 행하는

미련한 자를 만나지 말

것이니라 **13** 누구든지 악

으로 선을 갚으면 악이

그 집을 떠나지 아니하

리라 **14** 다투는 시작은 둑에서 물이 새는 것 같은즉 싸움이 일어나기 전에 시비를 그칠 것이니라 **15** 악인을 의롭다 하고 의인을 악하다 하는 이 두 사람은 다 여호와께 미움을 받느니라 **16** 미련한 자는 무지하거늘 손에 값을 가지고 지혜를 사려 함은 어찌 됨인고 **17** 친구는 사랑이 끊어지지 아니하고 형제는 위급한 때를 위하여 났느니라 **18** 지혜 없는 자는 남의 손을 잡고 그의 이웃 앞에서 보증이 되느니라 **19** 다툼

다툼을 좋아하는 자는 죄과를 좋아하는 자요 문을 높이는 자는 파괴를 구하는 자니라 ⑳ 마음이 굽은 자는 복을 얻지 못하고 혀가 패역한 자는 재앙에 빠지느니라 ㉑ 미련한 자를 낳는 자는 근심을 당하나니 미련한 자의 아비는 낙이 없느니라 ㉒ 마음의 즐거움은 양약이라도 심령의 근심은 뼈를 마르게 하느니라 ㉓ 악인은 사람의 품에서 뇌물을 받고 재판을 굽게 하느니라 ㉔ 지혜는 명철한 자 앞에 있거늘 미련한 한

18장

1 무리에게서 스스로 갈라지는 자는 자기 소욕을 따르는 자라 온갖 참 지혜를 배척하느니라

2 미련한 자는 명철을 기뻐하지 아니하고 자기의 의사를 드러내기만 기뻐하느니라

3 악한 자가 이를 때에는 멸시도 따라오고 부끄러운 것이 이를 때에는 능욕도 함께 오느니라

4 명철한 사람의 입의 말은 깊은 물과 같고 지혜의 샘은 솟구쳐 흐르는 내와 같으니라

5 악인을 두둔하는 것과 재판할 때에 의인을 억울하게 하는

120

것이 선하지 아니하니라

6 미련한 자의 입술은
다툼을 일으키고 그의
입은 매를 자청하느니라

7 미련한 자의 입은 그
의 멸망이 되고 그의
입술은 그의 영혼의 그
물이 되느니라 8 남의
말 하기를 좋아하는 자
의 말은 별식과 같아서
뱃 속 깊은 데로 내려 가
느니라 9 자기의 일을
게을리 하는 자는 패가 하
는 자의 형제니라 10 여
호와의 이름은 견고한
망대라 의인은 그리로
달려 가서 안전함을 얻느
니라 11 부자의 재물은

구의 견고한 성이라 그
가 높은 성벽 같이 여기
느니라 **12** 사람의 마음의
교만은 멸망의 선봉이요
겸손은 존귀의 길잡이니
라 **13** 사연을 듣기 전에
대답하는 자는 미련하여
욕을 당하느니라 **14** 사람
의 심령은 그의 병을
능히 이기려니와 심령이
상하면 그것을 누가 일
으키겠느냐 **15** 명철한 자
의 마음은 지식을 얻고
지혜로운 자의 귀는 지
식을 구하느니라 **16** 사람
의 선물은 그의 길을
넓게 하며 또 존귀한 인
자 앞으로 그를 인도하

에　　달렸나니　　　혀를　　쓰기
좋아하는　　　자는　　혀의　　열
매를　　먹으리라　22　아내를
얻는　자는　　복을　얻고　　는
여호와께　　은총을　　받　자는
가니라　23　가난한　자는
간절한　　말로　　구하여도
부자는　　엄한　　말로　　대답
하느니라　24　많은　　친구를
얻는　　자는　　해를　　당하게
되기나　와　어떤　　친구는
형제보다　　친밀하니라

친구는 사랑이 끊어지지 아니하고
형제는 위급한 때를 위하여 났느니라 (잠언 17장 17절)

이 말씀은 진짜 위급할 때는 친구보다 형제가 있는 것이 좋다는 뜻이기도 해요. 그러나 친구든지 가족이든지 우리를 정말로 사랑하는 사람은 언제나 우리에게 도움이 돼요. 참된 사랑은 어려운 일이 생겨도 결코 변하지 않아요.

죽고 사는 것이 혀의 힘에 달렸나니 혀를 쓰기 좋아하는 자는 혀의 열매를 먹으리라 (잠언 18장 21절)

사람의 말은 자신에게로 되돌아와요. 우리는 자신이 한 말과 그 결과들을 먹고 산다고 할 수 있어요. 혀에는 '죽음'과 '삶'을 낳는 힘이 있어요. 우리는 자기가 하는 말의 결과로 살기도 하고 죽기도 한다는 사실을 기억하며 말할 때 주의해서 지혜롭게 말해야 해요.

열째 주

19장

1 가난하여도 성실하게 행하는 자는 입술이 패역하고 미련한 자보다 나으니라 2 지식 없는 소원은 선하지 못하고 발이 급한 사람은 잘못 가느니라 3 사람이 미련하므로 자기 길을 굽게 하고 마음으로 여호와를 원망하느니라 4 재물은 많은 친구를 더하게 하나 가난한즉 친구가 끊어지느니라 5 거짓 증인은 벌을 면하지 못할 것이요 거짓말을 하는 자도 피하지 못하리라 6 너그러운 사람에게는

은혜를 구하는 자가 많
고 선물 주기를 좋아하
는 자에게는 사람마다
친구가 되느니라 ⑦ 가난
한 자는 구의 형제들에
게도 미움을 받거든 하
물며 친구야 그를 멀리
하지 아니하겠느냐 따라
가며 말하려 할지라도
그들이 없어졌으리라 ⑧
지혜를 얻는 자는 가기
영혼을 사랑하고 명철을
지키는 자는 복을 얻느
니라 ⑨ 거짓 증인은 별
을 면하지 못할 것이요 망
거짓말을 뱉는 자는 가
할 것이니라 ⑩ 미련한 적
자가 사치하는 것이

둘으며 훈계를 받으라
그리하면 네가 필경은
지혜롭게 되리라 **21** 사람
의 마음에는 많은 계획
이 있어도 오직 여호와
의 뜻만이 완전히 서리
라 **22** 사람은 자기의 인
자함으로 남에게 사모함
을 받느니라 가난한 자
는 거짓말하는 자보다
나으니라 **23** 여호와를 경
외하는 것은 사람으로
생명에 이르게 하는 것
이라 경외하는 자는 족
하게 지내고 재앙을 당
하지 아니하느니라 **24** 게
으른 자는 자기의 손을
그릇에 넣고서도 입으로

올리기를 괴로워하느니라

25 거만한 자를 때리라 그리하면 어리석은 자도 지혜를 얻으리라 명철한 자를 견책하라 그리하면 그가 지식을 얻으리라

26 아비를 구박하고 어미를 쫓아내는 자는 부끄럼을 끼치며 욕을 끼치는 자식이니라

27 내 아들아 지식의 말씀에서 떠나게 하는 교훈을 듣지 말지니라

28 망령된 증인은 정의를 업신여기고 악인의 입은 죄악을 삼키느니라

29 심판은 거만한 자를 위하여 예비된 것이요 채찍은 어리

20장

1 포도주는 거만하게 하는 것이오 독주는 떠들게 하는 것이라 이에 미혹되는 자마다 지혜가 없느니라 **2** 왕의 진노는 사자의 부르짖음 같으니 그를 노하게 하는 것은 자기의 생명을 해하는 것이니라 **3** 다툼을 멀리하는 것이 사람에게 영광이거늘 미련한 자마다 다툼을 일으키느니라 **4** 게으른 자는 가을에 밭 갈지 아니하나니 그러므로 거둘 때에는 구걸할

한결같지 않은 저울추와 한결같지 않은 되는 여호와께서 미워하시느니라 비록 아이라도 자기의 동작으로 자기 품행이 청결한 여부와 정직한 여부를 나타내느니라 듣는 귀와 보는 눈은 다 여호와께서 지으신 것이니라 너는 잠자기를 좋아하지 말라 네가 빈궁하게 될까 두려우니라 네 눈을 뜨라 그리하면 양식이 족하리라 물건을 사는 자가 좋지 못하다 좋지 못하다 하다가 돌아간 후에는 자랑하느니라 세상

에 　 금 도 　 있 고 　 진 주 도
많 거 니 와 　 지 혜 로 운 　 입 술
이 　 더 욱 　 귀 한 　 보 배 니 라
⑯ 타 인 을 　 위 하 여 　 보 증
선 　 자 의 　 옷 을 　 취 하 라
외 인 들 을 　 위 하 여 　 보 증
선 　 자 는 　 그 의 　 몸 을 　 볼
모 　 잡 을 지 니 라 ⑰ 속 이 고
취 한 　 음 식 물 은 　 사 람 에 게
맛 이 　 좋 은 　 듯 하 나 　 후 에
는 　 그 의 　 입 에 　 모 래 가
가 득 하 게 　 되 리 라 ⑱ 경 영
은 　 의 논 함 으 로 　 성 취 하 나
니 　 지 략 을 　 베 풀 고 　 전 쟁
할 지 니 라 ⑲ 두 루 　 다 니 며
한 담 하 는 　 자 는 　 남 의 　 비
밀 을 　 누 설 하 나 니 　 입 술 을
벌 린 　 자 를 　 사 귀 지 　 말 지

20 자기의 아비나 어미를 저주하는 자는 그의 등불이 흑암 중에 꺼짐을 당하리라

21 처음에 속히 잡은 산업은 마침내 복이 되지 아니하느니라

22 너는 악을 갚겠다 말하지 말고 여호와를 기다리라 그가 너를 구원하시리라

23 한결같지 않은 저울추는 여호와께서 미워하시는 것이요 속이는 저울은 좋지 못한 것이니라

24 사람의 걸음은 여호와로 말미암나니 사람이 어찌 자기의 길을 알 수 있으랴

25 함부로 이것은 거룩하다 하여 서원하고 그 후에 생각하는 것은 그 사람에게 덫이 되느니라

니매는 사람 속에 길
이 들어가느니라

게으름이 사람으로 깊이 잠들게 하나니
태만한 사람은 주릴 것이니라 (잠언 19장 15절)

게으른 사람은 잠자는 것을 좋아해서 다른 것은 아무것도 못하고 결국 가난하고 어려워져요. 게으름을 피우는 순간에는 즐겁고 편하지만 결국엔 자기 자신이 가장 큰 피해를 보게 되요. 그러므로 게으름에 빠지지 않도록 스스로 주의해야 해요.

너는 악을 갚겠다 말하지 말고 여호와를 기다리라
그가 너를 구원하시리라 (잠언 20장 22절)

하나님을 믿는 사람은 하나님이 악을 바로잡아 주시기를 바라며 기다려야 해요. 아무리 억울한 일을 당해도 직접 복수하지 말고 하나님을 의지하고 기다리는 것이 훨씬 나아요. 하나님은 가장 공정하게 심판하실 거예요.

열한째 주

21장

1 왕의 마음이 여호와의
손에 있음이 마치 봇물
과 같아서 그가 임의로
인도하시느니라 2 사람의
행위가 자기 보기에는
모두 정직하여도 여호와
는 마음을 감찰하시느니
라 3 공의와 정의를 행
하는 것은 제사 드리는
것보다 여호와께서 기쁘
게 여기시느니라 4 눈이
높은 것과 마음이 교만
한 것과 악인이 형통한
것은 다 죄니라 5 부지
런한 자의 경영은 풍부
함에 이를 것이나 조급
한 자는 궁핍함에 이를

144

따 름 이 니 라 ⑥ 속 이 는 말
로 제 물 을 모 으 는 것 은
죽 음 을 구 하 는 것 이 라
곧 불 려 다 니 는 안 개 니 라
⑦ 악 인 의 강 포 는 자 기 를
소 멸 하 나 니 이 는 정 의
행 하 기 싫 어 함 이 니 라 ⑧
죄 를 크 게 범 한 자 의
길 은 심 히 구 부 러 지 고
깨 끗 한 자 의 길 은 곧 으
니 라 ⑨ 다 투 는 여 인 과
함 께 큰 집 에 서 사 는
것 보 다 움 막 에 서 사 는
것 이 나 으 니 라 ⑩ 악 인 의
마 음 은 남 의 재 앙 을 원
하 나 니 그 이 웃 도 그
앞 에 서 은 혜 를 입 지 못
하 느 니 라 ⑪ 거 만 한 자

벌을 받으면 어리석은
자도 지혜를 얻겠고 지
혜로운 자가 교훈을 받
으면 지식이 더하리라

12 의로운 자는 악인의
집을 감찰하시고 악인을
환난에 던지시느니라 **13**
기를 막고 가난한 자가
부르짖는 소리를 듣지
이니하면 자기가 부르짖
을 때에도 들을 자가 물
없으리라 **14** 은밀한 선물
안의 노를 쉬게 하고
품의 뇌물은 맹렬한 한
분을 그치게 하느니라 **15**
정의를 행하는 것이 의
인에게는 즐거움이요 죄
인에게는 패망이니라 **16**

자는 생명과 공의와
광을 얻느니라 22 지혜로
운 자는 용사의 성에
올라가서 그 성이 의지
하는 방벽을 허느니라
23 입과 혀를 지키는 자
는 자기의 영혼을 환난
에서 보전하느니라 24 무
례하고 교만한 자를 이
름하여 망령된 자라 하
나니 이는 넘치는 교만
으로 행함이니라 25 게으
른 자의 욕망이 자기를
죽이나니 이는 자기의
손으로 일하기를 싫어함
이니라 26 어떤 자는 종
일토록 탐하기만 하나
의인은 아끼지 아니하고

148

베푸느니라 [27] 악인의 제물은 본래 가증하거든 하물며 악한 뜻으로 드리는 것이랴 [28] 거짓 증인은 패망하려니와 확실히 들은 사람의 말은 힘이 있느니라 [29] 악인은 자기의 얼굴을 굳게 하나 정직한 자는 자기의 행위를 삼가느니라 [30] 지혜로도 못하고, 명철로도 못하고 모략으로도 여호와를 당하지 못하느니라 [31] 싸울 날을 위하여 마병을 예비하거니와 이김은 여호와께 있느니라

1 많은 재물보다 명예를 택할 것이요 은총을 은이나 금보다 더욱 택할 것이니라 2 가난한 자와 부한 자가 함께 살거니와 그 모두를 지으신 이는 여호와시니라 3 슬기로운 자는 재앙을 보면 숨어 피하여도 어리석은 자는 나가다가 해를 받느니라 4 겸손과 여호와를 경외함의 보상은 재물과 영광과 생명이니라 5 패역한 자의 길에는 가시와 올무가 있거니와 영혼을 지키는 자는 이를 멀리 하느니라 6 마땅히 행할 길을

가 되느니라 ⑫ 여호와의

눈은 지식 있는 사람을

지키시나 사악한 사람의

말은 패하게 하시느니라

⑬ 게으른 자는 말하기를

사자가 밖에 있은즉 내

가 나가면 거리에서 찢

기겠다 하느니라 ⑭ 음녀

의 입은 깊은 함정이라

여호와의 노를 당한 자

는 거기 빠지리라 ⑮ 아

이의 마음에는 미련한

것이 얽혔으나 징계하는

채찍이 이를 멀리 쫓아

내리라 ⑯ 이익을 얻으려

고 가난한 자를 학대하

는 자와 부자에게 주는

자는 가난하여질 뿐이니

라 ⑰ 너는 귀를 기울여
지혜 있는 자의 말씀을
들으며 내 지식에 마음
을 둘지어다 ⑱ 이것을
네 속에 보존하며 네
입술 위에 함께 있게
함이 아름다우니라 ⑲ 내
가 네게 여호와를 의뢰
하게 하려 하여 이것을
오늘 특별히 네게 알게
하였노니 ⑳ 내가 모략과
지식의 아름다운 것을
너를 위해 기록하여 ㉑
네가 진리의 확실한 말
씀을 깨닫게 하며 또
너를 보내는 자에게 진
리의 말씀으로 회답하게
하려 함이 아니냐 ㉒ 약

약한 자를 그가 약하다고

탈취하지 말며 곤고한

자를 성문에서 압제하지

말라 **(23)** 대저 여호와께 그

신원하여 주시고 또

노략하는 자의 생명을

빼앗으시리라 **(24)** 노를 며

품는 자와 사귀지 말지

울분한 자와 동행하지

(25) 그의 행위를 올무

본받아 네 영혼을 두려움이니

에 빠뜨릴까 두려움이니

(26) 너는 사람과 더불

여 손을 잡지 말며 남

의 빚에 보증을 서지

말라 **(27)** 만일 갚을 것이

네게 없으면 네 누운

침상도 빼앗길 것이라

154

내 가　　어 찌　　그 리 하 겠 누 나

(28)　네　　선 조 가　　세 운　　옛

지 계 석 을　　옮 기 지　　말 지 니

(29) 라　　네 가　　자 기 의　　일 에

능 숙 한　　사 람 을　　보 았 누 나

이 러 한　　사 람 은　　왕　　앞 에

설　것 이 요　　천 한　　자　　앞

에　　서 지　　아 니 하 리 라

사람의 행위가 자기 보기에는 모두 정직하여도
여호와는 마음을 감찰하시느니라 (잠언 21장 2절)

사람들은 모두 자신이 옳고 바르게 행동한다고 생각해요. 그러나 하나님은 인간의 마음을
정확히 판단하셔요. 따라서 지혜로운 사람은 겸손하게 하나님이 나를 어떻게 판단하시는
지에 가장 먼저 관심을 기울여요.

많은 재물보다 명예를 택할 것이요
은이나 금보다 은총을 더욱 택할 것이니라 (잠언 22장 1절)

훌륭하다고 인정받는 것이 재물이 많은 것보다 더 좋아요. 부자라고 다 훌륭하지 않아요. 지혜를 통해서만 훌륭하다고 인정받을 수 있어요. 지혜는 또 덤으로 부를 주기도 해요. 그러므로 하나님께서 주시는 지혜를 얻으려고 힘쓰는 것이 가장 좋아요.

열두째 주

23장

1 네 가 관 원 과 함 께 앉
아 음 식 을 먹 게 되 거 든
삼 가 네 앞 에 있 는 자
가 누 구 인 지 를 생 각 하 며

2 네 가 만 일 음 식 을 탐
하 는 자 이 거 든 네 목 에
칼 을 둘 것 이 니 라 3 그
의 맛 있 는 음 식 을 탐 하
지 말 라 그 것 은 속 이 는
음 식 이 니 라 4 부 자 되 기
에 애 쓰 지 말 고 네 사
사 로 운 지 혜 를 버 릴 지 어
다 5 네 가 어 찌 허 무 한
것 에 주 목 하 겠 느 냐 정 녕
히 재 물 은 스 스 로 날 개
를 내 어 하 늘 을 나 는
독 수 리 처 럼 날 아 가 리 라

158

침범하지 말지어다 ⑪ 대
저 그들의 구속자는 강
하시니 그가 너를 대적
하여 그들의 원한을 풀
어 주시리라 ⑫ 훈계에
착심하며 지식의 말씀에
귀를 기울이라 ⑬ 아이를
훈계하지 아니하려고 하
지 말라 채찍으로 그를
때릴지라도 그가 죽지
아니하리라 ⑭ 네가 그를
채찍으로 때리면 그의
영혼을 스올에서 구원하
리라 ⑮ 내 아들아 만일
네 마음이 지혜로우면
나 곧 내 마음이 즐겁
겠고 ⑯ 만일 네 입술이
정직을 말하면 내 속이

160

유쾌하리라 [17] 네 마음으
로 죄인의 형통을 부러
워하지 말고 항상 여호
와를 경외하라 [18] 정녕히
네 장래가 있겠고 네
소망이 끊어지지 아니하
리라 [19] 내 아들아 너는
듣고 지혜를 얻어 네
마음을 바른 길로 인도
할지니라 [20] 술을 즐겨
하는 자들과 고기를 탐
하는 자들과도 더불어
사귀지 말라 [21] 술 취하
고 음식을 탐하는 자는
가난하여질 것이요 잠
자기를 즐겨 하는 자는
해어진 옷을 입을 것임
아니라 [22] 너를 낳은 아

비에게 청종하고 네 늙은 어미를 경히 여기지 말지니라 (23) 진리를 사되 팔지는 말며 지혜와 훈계와 명철도 그리할지니라 (24) 의인의 아비는 크게 즐거울 것이요 지혜로운 자식을 낳은 자는 그로 말미암아 즐거울 것이니라 (25) 네 부모를 즐겁게 하며 너를 낳은 어미를 기쁘게 하라 (26) 내 아들아 네 마음을 네게 주며 네 눈으로 내 길을 즐거워할지어다 (27) 대저 음녀는 깊은 구덩이요 이방 여인은 좁은 함정이라 (28) 참으로

그 는 강 도 같 이 매 복 하 며
사 람 들 중 에 사 악 한 자
가 많 아 지 게 하 느 니 라

㉙ 재 앙 이 뉘 게 있 느 뇨
근 심 이 뉘 게 있 느 뇨 분
쟁 이 뉘 게 있 느 뇨 원 망
이 뉘 게 있 느 뇨 까 닭
없 는 상 처 가 뉘 게 있 느
뇨 붉 은 눈 이 뉘 게 있
느 뇨 **㉚** 술 에 잠 긴 자 에
게 있 고 혼 합 한 술 을
구 하 러 다 니 는 자 에 게
있 느 니 라 **㉛** 포 도 주 는 붉
코 잔 에 서 번 쩍 이 며 순
하 게 내 려 가 나 니 너 는
그 것 을 보 지 도 말 지 어 다

㉜ 그 것 이 마 침 내 뱀 같 이
물 것 이 요 독 사 같 이 쏠

것이며 ㉝또 네 눈에는
괴이한 것이 보일 것이
요 네 마음은 구부러진
말을 할 것이며 ㉞너는
바다 가운데에 누운 자
같을 것이요 돛대 위에
누운 자 같을 것이며
㉟네가 스스로 말하기를
사람이 나를 때려도 나
는 아프지 아니하고 나
를 상하게 하여도 내게
감각이 없도다 내가 언
제나 깰까 다시 술을
찾겠다 하리라

24장 ①너는 악인의 형통함을
부러워하지 말며 그와
함께 있으려고 하지도

164

딸 지어디 ② 그들의 마음

은 강포를 품고 그들의

입술은 재앙을 말함이니

라 ③ 집은 지혜로 말미

암아 건축되고 명철로

말미암아 견고하게 되며

④ 또 방들은 지식으로

말미암아 각종 귀하고

아름다운 보배로 채우게

되느니라 ⑤ 지혜 있는

자는 강하고 지식 있는

자는 힘을 더하나니 ⑥

너는 전략으로 싸우라

승리는 지략이 많음에

있느니라 ⑦ 지혜는 너무

높아서 미련한 가가 미

치지 못할 것이므로

는 성문에서 입을 열

못 하 느 니 라 ⑧ 악 행 하 기 를

꾀 하 는 자 를 일 컬 어 사

악 한 자 라 ⑨ 하 느 니 라

미 련 한 자 의 생 각 은 죄

요 거 만 한 자 는 사 람 에

게 미 움 을 받 느 니 라 ⑩

네 가 만 일 환 난 날 에

낙 담 하 면 네 힘 이 미 약

함 을 보 임 이 니 라 ⑪ 너 는

사 망 으 로 끌 려 가 는 자 를

건 저 주 며 살 육 을 당 하

게 된 자 를 구 원 하 지

아 니 하 려 고 하 지 말 라

⑫ 네 가 말 하 기 를 나 는

그 것 을 알 지 못 하 였 노 라

할 지 라 도 마 음 을 저 울 질

하 시 는 이 가 어 찌 통 찰

하 지 못 하 시 겠 으 며 네

영혼을 지키시는 이가 어찌 알지 못하시겠느냐 그가 각 사람의 행위대로 보응하시리라 **13** 내 아들아 꿀을 먹으라 이것이 좋으니라 송이꿀을 먹으라 이것이 네 입에 다니라 **14** 지혜가 네 영혼에게 이와 같은 줄을 알라 이것을 얻으면 정녕히 네 장래가 있겠고 네 소망이 끊어지지 아니하리라 **15** 악한 자여 의인의 집을 엿보지 말며 그가 쉬는 게소를 헐지 말지니라 **16** 니의 의인은 일곱 번 너더겉 러러도 다시 일어나려니와 악인은 재앙으로 말미암아 엎드러지느니라 [17] 네 원수가 넘어질 때에 즐거워하지 말며 그가 엎드러질 때에 마음에 기뻐하지 말라 [18] 여호와께서 이것을 보시고 기뻐하지 아니하사 그의 진노를 그에게서 옮기실까 두려우니라 [19] 너는 행악자들로 말미암아 분을 품지 말며 악인의 형통함을 부러워하지 말라 [20] 대저 행악자는 악인의 장래가 없겠고 악인의 등불은 꺼지리라 [21] 내 아들아 여호와와 왕을 경외하고 반역자와 더불어

사귀지 말라 (22) 대저 그
들의 재앙은 속히 임하
리니 그 둘의 멸망을
누가 알랴 (23) 이것도 지
혜로운 자들의 말씀이라
재판할 때에 낯을 보아
주는 것이 옳지 못하니
라 (24) 악인에게 네가 옳
다 하는 자는 백성에게
저주를 받을 것이요 국
민에게 미움을 받으려니
와 (25) 오직 그를 견책하
는 자는 기쁨을 얻을
것이요 또 좋은 복을
받으리라 (26) 적당한 말로
대답함은 입맞춤과 같으
니라 (27) 네 일을 밖에서
다스리며 너를 위하여

밭에서 준비하고 그 후

에 네 집을 세울지니라

28 너는 까닭 없이 네

이웃을 쳐서 증인이 되

지 말며 네 입술로 속

이지 말지니라 29 너는

그가 내게 행함 같이

나도 그에게 행하여 그

가 행한 대로 그 사람

에게 갚겠다 말하지 말

지니라 30 내가 게으른

자의 밭과 지혜 없는

자의 포도원을 지나며

본즉 31 가시덤불이 그

전부에 퍼졌으며 그 지

면이 기친 풀로 덮였고

돌담이 무너져 있기로

32 내가 보고 생각이 깊

170

었고 내가 보고 훈계를 받았노라 33 네가 좀 더 자자, 좀 더 졸자, 손을 모으고 좀 더 누워 있자 하니 34 네 빈궁이 강도 같이 오며 네 곤핍이 군사 같이 이르리라

네 마음으로 죄인의 형통을 부러워하지 말고
항상 여호와를 경외하라 (잠언 23장 17절)

지혜로운 사람은 하나님을 믿지 않는 사람이 잘 되는 것을 보고 부러워하지 말아야 해요. 오히려 하늘을 우러러보며 항상 하나님을 경외하는 마음을 가져야 해요. 결국 악한 사람들은 멸망 당하고 하나님을 경외하는 사람들은 영원한 생명을 받게 돼요(18절).

네 일을 밖에서 다스리며 너를 위하여 밭에서 준비하고
그 후에 네 집을 세울지니라 (잠언 24장 27절)

이 말씀은 '중요한 일부터 먼저 하라'는 말과 같아요. 농사를 짓는 사람이라면 자기 밭을 마련하여 그 농작물로 가족을 돌보는 것을 의미해요. 더 넓게 말하면, 지혜로운 사람은 적절한 준비 없이 어떤 일을 시작하지 않는다는 뜻이에요.

열셋째 주

25장

①이것도 솔로몬의 잠언
이요 유다 왕 히스기야
의 신하들이 편집한 것
이니라 ②일을 숨기는
것은 하나님의 영화요
일을 살피는 것은 왕의
영화니라 ③하늘의 높음
과 땅의 깊음 같이 왕
의 마음은 헤아릴 수
없느니라 ④은에서 찌꺼
기를 제하라 그리하면
장색의 쓸 만한 그릇이
나올 것이요 ⑤왕 앞에
서 악한 자를 제하라
그리하면 그의 왕위가
의로 말미암아 견고히
서리라 ⑥왕 앞에서 스

소 로 놀 은 체 하 지 닫 며
다 인 들 의 자 리 에 사 지
말 라 (7) 이 는 사 람 이 녜
가 이 리 로 올 라 오 라 고
말 하 는 것 이 너 눈 에
보 이 는 기 인 앞 에 서 저
라 고 내 려 가 라 고 말 하 는
것 보 다 내 음 이 나 라 (8) 너
는 서 둘 러 나 가 거 다 투
거 말 라 마 침 내 너 가
이 웃 에 게 서 욱 을 보 기
될 때 에 너 가 어 찌 할
줄 을 알 지 못 할 까 투 려
우 니 라 (9) 너 는 이 웃 과
다 투 거 든 변 론 만 하 고
남 의 은 밀 한 일 을 누 설
하 지 말 라 (10) 듣 는 자 가
녀 를 꾸 짖 을 더 이 오 또

네게 대한 악평이 네게
서 떠나지 아니할까 두
려우니라 11 경우에 합당
한 말은 아로새긴 은
쟁반에 금 사과니라 12
슬기로운 자의 책망은
청종하는 귀에 금 고리
와 정금 장식이니라 13
충성된 사자는 그를 보
낸 이에게 마치 추수하
는 날에 얼음 냉수 같
아서 능히 그 주인의
마음을 시원하게 하느니
라 14 선물한다고 거짓
자랑하는 자는 비 없는
구름과 바람 같으니라
15 오래 참으면 관원도
설득할 수 있나니 부드

러 운　혀 는　뼈 를　껶 느 니

라　⑯　너 는　꿀 을　보 거 든

족 하 리 만 큼　먹 으 라　과 식

함 으 로　토 할 까　두 려 우 니

라　⑰　너 는　이 웃 집 에　자

주　다 니 지　말 라　그 가

너 를　싫 어 하 며　미 워 할 까

두 려 우 니 라　⑱　자 기 의　이

웃 을　쳐 서　거 짓　증 거 하

는　사 람 은　방 망 이 요　칼

이 요　뾰 족 한　화 살 이 니 라

⑲　환 난　날 에　진 실 하 지

못 한　자 를　의 뢰 하 는　것

은　부 러 진　이 와　위 골 된

발　같 으 니 라　⑳　마 음 이

상 한　자 에 게　노 래 하 는

것 은　추 운　날 에　옷 을

벗 음　같 고　소 다　위 에

식초를　부음　갈으니라
21 네　원수가　배고파하거
든　음식을　먹이고　목말
라하거든　물을　마시게
하라 22 그리　하는　것은
핀숯을　그의　머리에
놓는　것과　일반이요　여
호와께서　네게　갚아　주
시리라 23 북풍이　비를
일으킴　같이　참소하는
하는　사람의　얼굴에　분
을　일으키느니라 24 다투
는　여인과　함께　큰　집
에서　사는　것보다　움막
에서　혼자　사는　것이
나으니라 25 먼　땅에서
오는　좋은　기별은　목마
른　사람에게　냉수와　갈

178

우니라 (26) 의인이 악인

앞에 굴복하는 것은 우더

물이 흐려짐과 샘이 더

러워짐과 같으니라 (27) 굴

을 많이 먹는 것이 좋

지 못하고 자기의 영예

를 구하는 것이 헛되니

라 (28) 자기의 마음을 제

어하지 아니하는 자는

성읍이 무너지고 성벽이

없는 것과 같으니라

26장

(1) 미련한 자에게는 영예

가 적당하지 아니하니

마치 여름에 눈 오는

것과 추수 때에 비 오

는 것 같으니라 (2) 까닭

없는 저주는 참새가 떠

도는 것과 제비가 날아
가는 것 같이 이루어지지
아니하느니라 ③ 말에게는
채찍이오 나귀에게는 재
갈이오 미련한 자의 등
에는 막대기니라 ④ 미련
한 자의 어리석은 것을
따라 대답하지 말라 두
렵건대 너도 그와 같을
까 하노라 ⑤ 미련한 자
에게는 그의 어리석음을
따라 대답하라 두렵건대
그가 스스로 지혜롭게
여길까 하노라 ⑥ 미련한
자편에 기별하는 것은
자기의 발을 베어 버림
과 해를 받음과 같으니
라 ⑦ 저는 자의 다리는

힘 없이 달렸니니 미련
한 자의 입의 잠언도
그러하니라 (8) 미련한 지
에게 영예를 주는 것은
돌을 물매에 매는 것과
같으니라 (9) 미련한 자의
입의 잠언은 술 취한
자기 손에 든 가시나무
같으니라 (10) 장인이 온갖
것을 만들지라도 미련한
자를 고용하는 것은 지
나가는 행인을 고용함과
같으니라 (11) 개가 토
한 것을 도로 먹는 그
같이 미련한 자는 그
미련한 것을 거듭 행하
느니라 (12) 네가 스로
지혜롭게 여기는 자를

181

보느냐 그보다 미련한
자에게 오히려 희망이
있느니라 (13) 게으른 자는
길에 사자가 있다 거리
에 사자가 있다 하느니
라 (14) 문짝이 돌쩌귀를
따라서 도는 것같이 게
으른 자는 침상에서 도
느니라 (15) 게으른 자는
그 손을 그릇에 넣고도
입으로 올리기를 괴로워
하느니라 (16) 게으른 자는
사리에 맞게 대답하는
사람 일곱보다 자기를
지혜롭게 여기느니라 (17)
길로 지나가다가 자기와
상관없는 다툼을 간섭하
는 자는 개의 귀를 잡

는 자와 같으니라

⑱ 횃불을 던지며 화살을 쏘아서 사람을 죽이는 미친 사람이 있나니

⑲ 자기의 이웃을 속이고 말하기를 내가 희롱하였노라 하는 자도 그러하니라

⑳ 나무가 다하면 불이 꺼지고 말쟁이가 없어지면 다툼이 쉬느니라

㉑ 숯불 위에 숯을 더하는 것과 타는 불에 나무를 더하는 것 같이 다툼을 좋아하는 자는 시비를 일으키느니라

㉒ 남의 말하기를 좋아하는 자의 말은 별식과 같아서 뱃속 깊은 데로 내려가느니라

려가느니라 23 온유한 입
술에 악한 마음은 낮은
은을 입힌 토기니라 24
원수는 입술로는 꾸미고
속으로는 속임을 품나니
25 그 말이 좋을지라도
믿지 말 것은 그 마음
에 일곱 가지 가증한
것이 있음이니라 26 속임
우로 그 미움을 감출지
라도 그의 악이 회중
앞에 드러나리라 27 함정
을 파는 자는 그것에
빠질 것이요 돌을 굴리
는 자는 도리어 그것에
치이리라 28 거짓말하는
자는 자기가 해한 자를
미워하고 아첨하는 입은

페망을 일으키느니라

오래 참으면 관원도 설득할 수 있나니
부드러운 혀는 뼈를 꺾느니라(잠언 25장 15절)

사람들은 보통 뼈처럼 딱딱하고 고집 센 사람은 더 강하게 상대해야 한다고 말해요. 그러나 그런 사람들을 상대하기에 가장 좋은 방법은 오래 참음, 곧 인내예요. 지혜로운 사람은 열린 마음과 따스한 성격 그리고 부드럽고 재치 있는 말을 통해 자신의 생각을 다른 사람에게 전해요.

네가 스스로 지혜롭게 여기는 자를 보느냐 그보다
미련한 자에게 오히려 희망이 있느니라 (잠언 26장 12절)

자기가 스스로 지혜롭다고 생각하는 사람은 미련한 사람보다 더 대화하기가 어렵고, 그런 사람은 성장할 확률이 낮아요. 자기가 가진 지식만 의지해서 더 이상 다른 사람의 가르침을 받으려 하지 않기 때문이에요. 결국 스스로 지혜롭게 여기는 사람은 "나는 지혜롭다"라고 말하자마자 미련한 자보다 더 미련하게 되고 말 것이에요.

네가 스스로 지혜롭게
여기는 자를 보느냐 그
보다 미련한 자에게 오
히려 희망이 있느니라

열넷째 주

27장

1 너는 내일 일을 자랑
하지 말라 하루 동안에
무슨 일이 일어날는지
네가 알 수 없음이니라

2 타인이 너를 칭찬하게
하고 네 입으로는 하지
말며 외인이 너를 칭찬
하게 하고 네 입술로는
하지 말지니라 3 돌은
무겁고 모래도 가볍지
아니하거니와 미련한 자
의 분노는 이 둘보다
무거우니라 4 분은 잔인
하고 노는 창수 같거니
와 투기 앞에야 누가
서리요 5 면 책은 숨은
사랑보다 나으니라 6 친

188

구의　아픈　책망은　충직

으로　말미암는　것이나

원수의　잦은　입맞춤은

거짓에서　난　것이니라

7 배부른　자는　꿀이라도

싫어하고　주린　자에게는

쓴　것이라도　다니라

고향을　떠나　우리하는

사람은　보금자리를　떠나 8

떠도는　새와　같으니라

9 기름과　향이　사람의

마음을　즐겁게　하나니

친구의　충성된　권고가

이와　같아　아름다우니라

10 네　친구와　네　아비의

친구를　버리지　말며　네

환난날에　형제의　집에

들어가지　말지어다　가까

운　　이웃이　면　　형제보다
나으니라　　11　내　　아들아
지혜를　　얻고　　내　마음을
기쁘게　　하라　그리하면
나를　　비방하는　자에게
내가　　대답할　수　　있으리
라　12　슬기로운　자는　　재
앙을　　보면　숨어　피하여
도　　어리석은　자들은　나
가다가　해를　반느니라
13　타인을　　위하여　　보증
선　　자의　옷을　취하라
외인들을　　위하여　　보증
선　　자는　그의　몸을　볼
모　잡을지니라　14　이른
아침에　큰　소리로　자기
이웃을　축복하면　도리어
저주같이　여기게　되리라

15 다투는 여자는 비오는 날에 이어 떨어지는 물방울이라 16 그를 제어하기가 바람을 제어하는 것 같고 오른손으로 기름을 움키는 것 같으니라 17 철이 철을 날카롭기 하는 것 같이 사람이 그의 친구의 얼굴을 빛나게 하느니라 18 무화과나무를 지키는 자는 그 과실을 먹고 자기 주인에게 시중드는 자는 영화를 얻느니라 19 물에 비치면 얼굴이 서로 같은 것 같이 사람의 마음도 서로 비치느니라 20 스올과 아바돈은 만족함

이 없고 사람의 눈 도
만족함이 없느니라 [21] 도
가니로 은을, 풀무로
금을, 칭찬으로 사람을
단련하느니라 [22] 미련한
자를 곡물과 함께 절구
에 넣고 공이로 찧을지
라도 그의 미련은 벗겨
지지 아니하느니라 [23] 네
양 떼의 형편을 부지런
히 살피며 네 소 떼에
게 마음을 두라 [24] 대저
재물은 영원히 있지 못
하나니 면류관이 어찌
대대에 있으랴 [25] 풀을
벤 후에는 새로 움이
돋나니 산에서 꼴을 거
둘 것이니라 [26] 어린 양의

럴은　네　옷이　되며　염
소는　밭을　사는　값이
되며　㉗　염소의　젖은　넉
넉하여　너와　네　집의
음식이　되며　네　여종의
먹을　것이　되느니라

28장

① 악인은　쫓아오는　자가
없어도　도망하나　의인은
사자같이　담대하니라　②
나라는　죄가　있으면　주
관자가　많아져도　명철과
지식　있는　사람으로　말
미암아　장구하게　되느니
라　③ 가난한　자를　학대
하는　가난한　자는　곡식
을　남기지　아니하는　폭
우　같으니라　④ 율법을

버린 자는 악인을 칭찬하나 율법을 지키는 자는 악인을 대적하느니라

⑤ 악인은 정의를 깨닫지 못하나 여호와를 찾는 자는 모든 것을 깨닫느니라

⑥ 가난하여도 성실하게 행하는 자는 부유하면서 굽게 행하는 자보다 나으니라

⑦ 율법을 지키는 자는 지혜로운 아들이요 식을 탐하는 자와 사귀는 자는 아비를 욕되게 하는 자니라

⑧ 중한 변리로 자기 재산을 늘이는 것은 가난한 자람을 불쌍히 여기는 자를 위하여 그 재산

을　　　지 축 하 는　　것 이 나 라

⑨　사 람 이　　키 를　　둘 려　　울 그

법 을　　들 지 아 니 하 면　　는

의　　기 도 도　　가 증 하 니 라

⑩　정 직 한　　자 를　　악 한　　길

로　　유 인 하 는　　자 는　　수

로　　자 기　　함 정 에　　빠 지 느

성 실 한　　자 는　　복 을　　받 느

니 라　　⑪　　부 자 는　　자 기 를

지 혜 롭 게　　여 기 나　　가 난 해

도　　명 철 한　　자 는　　자 기 를

살 펴　　아 느 니 라　　⑫　의 인

이 하 면　　큰　　영 화 가　　있 사

고　　악 인 이　　일 어 나 면　　사

람 이　　숨 느 니 라　　⑬　자 기 의

죄 를　　숨 기 는　　자 는　　형 통

하 지　　못 하 나　　죄 를　　자

하 고　　버 리 는　　자 는　　불 쌍

히 여 김을 받으리라 (14)
항상 경외하는 자는 복
되거니와 마음을 완악하
기 하는 자는 재앙에
빠지리라 (15) 가난한 백성
을 압제하는 악한 관원
은 부르짖는 사자와 주
린 곰 같으니라 (16) 무지
한 치리자는 포학을 크
게 행하거니와 탐욕을
미워하는 자는 장수하리
라 (17) 사람의 피를 흘린
자는 함정으로 달려갈
것이니 그를 막지 말지
니라 (18) 성실하게 행하는
자는 구원을 받을 것이
나 굽은 길로 행하는
자는 곧 넘어지리라 (19)

자기의 토기를 경자하는
자는 먹을 것이 많을 터
니와 방랑을 피코는 가
는 공펌함이 많은리 맘

20
충성된 자는 복이 많
이도 속히 부하고 저 하치
는 자는 형별을 면 하지
못하리라

21
사람의 낮을
보아 주는 것이 좋지 로
못하고 한 조각 먹으로
말미암아 사람이 범법하
는 것도 그러하니라

22
악한 눈이 있는 자는 그
재물을 일기에만 급하고
빈궁이 자기에게로 임할
줄은 알지 못하느니라

23
사람을 경책하는 자는
혀로 아첨하는 자보다

나중에　더욱　사랑을　받

24 느니라　부모의　물건을

도둑질하고서도　죄가　아

니라　하는　자는　멸망

받게하는　자의　동류니

라 25 욕심이　많은　자는

다툼을　일으키나　여호와

를　의지하는　자는　풍족

하게　되느니라 26 자기의

마음을　믿는　자는　미련

한　자요　지혜롭게　행하

는　자는　구원을　얻을

자니라 27 가난한　자를

구제하는　자는　궁핍하지

아니하려니와　못　본　체

하는　자에게는　저주가

크리라 28 악인이　일어나

면　사람이　숨고　그가

너는 내일 일을 자랑하지 말라 하루 동안에
무슨 일이 일어날는지 네가 알 수 없음이니라 (잠언 27장 1절)

지혜로운 사람은 아직 이루어지지 않은 일에 대해 자랑하지 않아요. 내일 무슨 일이
일어날지는 누구도 알 수 없기 때문이에요. 현재와 미래는 하나님의 손안에 있기 때문에,
지혜로운 사람은 하나님을 경외하면서 계획을 세우고 겸손히 그분의 결정을 믿고 따라요.

자기의 죄를 숨기는 자는 형통하지 못하나 죄를 자복하고
버리는 자는 불쌍히 여김을 받으리라 (잠언 28장 13절)

사람들은 대부분 자신의 죄를 숨기려고 해요. 하지만 그런 길을 계속해서 가면 모든 일이
뜻대로 되지 않을 거예요. 죄를 진실로 뉘우치는 것이 더 나은 길이에요. 죄를 고백하는
것은 하나님의 위대하심과 하나님이 베풀어 주신 은혜를 찬양하는 데서 시작해요.

열다섯째 주

29장

① 자주 책망을 받으면서
도 목이 곧은 사람은
갑자기 패망을 당하고
피하지 못하리라 ② 의인
이 많아지면 백성이 즐
거워하고 악인이 권세를
잡으면 백성이 탄식하느
니라 ③ 지혜를 사모하는
자는 아비를 즐겁게 하
여도 창기와 사귀는 자
는 재물을 잃느니라
왕은 정의로 나라를 견
고하게 하나 뇌물을
지로 내게 하는 자는
나라를 멸망시키느니라
⑤ 이웃에게 아첨하는 것
은 그의 발 앞에 그물

202

울 치는 것이니라 ⑥ 악
인이 범죄하는 것은 스
스로 올무가 되게 하는
것이나 의인은 노래하고
기뻐하느니라 ⑦ 의인은
가난한 자의 사정을 알
아주나 악인은 알아줄
지식이 없느니라 ⑧ 거만
한 자는 성읍을 요란하
게 하여도 슬기로운 자
는 노를 그치게 하느니
라 ⑨ 지혜로운 자와 미
련한 자가 다투면 지혜
로운 자가 노하든지 웃
든지 그 다툼은 그침이
없느니라 ⑩ 피 흘리기를
좋아하는 자는 온전한
자를 미워하고 정직한

자의 생명을 찾느니라
11 어리석은 자는 자기의
노를 다 드러내여도 지
혜로운 자는 그것을 억
제하느니라 12 관원이 거
짓말을 들으면 그의 하
인들은 다 악하게 되느
니라 13 가난한 자와 포
학한 자가 섞여 살거니
와 여호와께서는 그 모
두의 눈에 빛을 주시느
니라 14 왕이 가난한 자
를 성실히 신원하면 그
의 왕위가 영원히 견고
하리라 15 채찍과 꾸지람
이 지혜를 주거늘 임의
로 행하게 버려 둔 자
식은 어미를 욕되게 하

나니라 [16] 악인이 많아지면 죄도 많아지나니 의인은 그들의 망함을 보리라

[17] 네 자식을 징계하라 그리하면 그가 너를 평안하게 하겠고 또 네 마음에 기쁨을 주리라

[18] 묵시가 없으면 백성이 방자히 행하거니와 율법을 지키는 자는 복이 있느니라

[19] 종은 말로만 하면 고치지 아니하나니 이는 그가 알고도 따르지 아니함이니라

[20] 네가 말이 조급한 사람을 보느냐 그보다 미련한 자에게 오히려 바랄 것이 있느니라

[21] 종을

어렸을 때부터 곱게 양
육하면 그가 나중에는
자식인 체하리라 (22) 노하
는 자는 다툼을 일으키
고 성내는 자는 범죄함
이 많으니라 (23) 사람이
고만하면 낮아지게 되겠
고 마음이 겸손하면 영
예를 얻으리라 (24) 도둑과
짝하는 자는 자기의 영
혼을 미워하는 자라 그
는 저주를 들어도 진술
하지 아니하느니라 (25) 사
람을 두려워하면 올무에
걸리게 되거니와 여호와
를 의지하는 자는 안전
하리라 (26) 주권자에게 은
혜를 구하는 자가 많으

사람의 일의 작정은
여호와께로 말미암느니라

27 불의한 자는 의인에게
바르게 행하는
자는 악인에게 미움을
받느니라

30장

1 이 말씀은 야게의 아들 아
굴의 잠언이니 그가
이디엘 곧 이디엘과
에게 이른 것이니라

2 나는 다른 사람에게
비하면 짐승이라 내게는
사람의 총명이 있지
아니하니라 3 나는 지혜를 배우지
못하였고 또
거룩하신 자를 아는 지식
이 없거니와 4 하늘에

올라갔다가 내려온 자가
누구인지, 바람을 그
장중에 모은 자가 누구
인지, 물을 옷에 싼
자가 누구인지, 땅의
모든 끝을 정한 자가
누구인지, 그의 이름이
무엇인지, 그의 아들의
이름이 무엇인지 너는
아느냐 **5** 하나님의 말씀
은 다 순전하며 하나님
은 그를 의지하는 자의
방패시니라 **6** 너는 그의
말씀에 더하지 말라 그
가 너를 책망하시겠고
너는 거짓말하는 자가
될까 두려우니라 **7** 내가
두 가지 일을 주께 구

당할까 두려우니라 (11) 아비를 저주하며 어미를 축복하지 아니하는 무리가 있느니라 (12) 스스로 깨끗한 자로 여기면서도 자기의 더러운 것을 씻지 아니하는 무리가 있느니라 (13) 눈이 심히 높으며 눈꺼풀이 들린 무리가 있느니라 (14) 앞니는 장검 같고 어금니는 군도 같아서 가난한 자를 땅에서 삼키며 궁핍한 자를 사람 중에서 삼키는 무리가 있느니라 (15) 거머리에게는 두 딸이 있어 다오 다오 하느니라 족한 줄을 알

지 못하여 족하며 하지
아니하는 것 서넛이 있이
나니 **16** 곧 스올과 아이
바지 못하는 태와 물로
쳐울 수 없는 땅과 족불
하다 하지 아니하는 하
이니라 **17** 아비를 주롱하
며 어미 순종하기를 싫
어하는 자의 눈은 골짜
기의 까마귀에게 쪽이고
독수리 새끼에게 먹히리
라 **18** 내가 심히 기이히
여기고도 깨닫기 못하는
것 서넛이 있나니 **19** 곧
공중에 날아다니는 독수
리의 자취와 반석 위로
기어다니는 뱀의 자취
와 배다로 지나다니는

혹 악한 일을 도모하였
거든 네 손으로 입을
막으라 ③③ 대저 젖을 저
으면 엉긴 젖이 되고
코를 비틀면 피가 나는
것같이 노를 격동하면
다툼이 남이니라

사람을 두려워하면 올무에 걸리게 되거니와
여호와를 의지하는 자는 안전하리라 (잠언 29장 25절)

사람을 두려워하는 자는 하나님을 의지하지 않고 스스로 자신을 보호하려고 해요. 그래서
오히려 올무에 걸려 넘어져요. 하나님은 사람의 힘이 미치지 못하는 요새와 같은 높은
곳으로 나를 인도하시고 보호해 주세요. 우리는 날마다 이런 하나님만 의지하기로 해요.

하나님의 말씀은 다 순전하며
하나님은 그를 의지하는 자의 방패시니라 (잠언 30장 5절)

하나님의 말씀이 순전하다는 것은 어떤 불순물도 없이 참되다는 뜻이에요. 진정한 방패는 자신의 힘과 지식이 아니라 하나님과 그분의 말씀이에요. 우리가 하나님의 말씀을 마음에 새겨 하나님을 온전히 신뢰하면 그분이 우리의 방패이시라는 것을 알게 돼요.

열여섯째 주

31장

1 르무엘 왕이 말씀한
바 곧 그의 어머니가
그를 훈계한 잠언이라

2 내 아들아 내가 무엇
을 말하랴 내 태에서
난 아들아 내가 무엇을
말하랴 서원대로 얻은

3 아들아 내가 무엇을 말
하랴 네 힘을 여자들
에게 쓰지 말며 왕들을
멸망시키는 일을 행하지

4 말지어다 르무엘아 포
도주를 마시는 것이 왕
들에게 마땅하지 아니하
고 왕들에게 마땅하지
아니하며 독주를 찾는
것이 주권자들에게 마땅

하지 않도다 ⑤ 술을 마시다가 법을 잊어버리고 모든 곤고한 자를 사를 굽게 할까 두려우니라 ⑥ 독주는 죽게 된 자에게, 포도주는 마음에 근심하는 자에게 줄지어다 ⑦ 그는 마시고 자기의 빈궁한 것을 잊어버리겠고 다시 자기의 고통을 기억하지 아니하리라 ⑧ 너는 말 못하는 자와 모든 고독한 자의 송사를 위하여 입을 열지니라 ⑨ 너는 입을 열어 공의로 재판하여 곤고한 자와 궁핍한 자를 신원할지니라 ⑩

숙한 여인을 찾아 얻겠
느냐 그의 값은 진주보
다 더 하니라 ⑪ 그런
자의 남편의 마음은 그
를 믿나니 산업이 핍절
하지 아니하겠으며 ⑫ 그
런 자는 살아 있는 동
안에 그의 남편에게 선
을 행하고 악을 행하지
아니하느니라 ⑬ 그는 양
털과 삼을 구하여 부지
런히 손으로 일하며 ⑭
상인의 배와 같아서 먼
데서 양식을 가져오며
⑮ 밤이 새기 전에 일어
나서 자기 집안 사람들
에게 음식을 나누어 주
며 여종들에게 일을 정

하 여 말 기 며 ⑯ 밭 을 살

펴 보 고 사 며 자 기 의 손

으 로 번 것 을 가 자 고

크 도 원 을 일 구 며 ⑰ 힘

있 게 허 리 를 묶 으 며 자

기 의 팔 을 강 하 게 하 며

⑱ 자 기 의 장 사 가 잘 되 는

줄 을 깨 닫 고 밤 에 등 불

을 끄 지 아 니 하 며 ⑲ 손

으 로 솜 뭉 치 를 들 고 손

가 락 으 로 가 락 을 잡 으 며

⑳ 그 는 곤 고 한 자 에 게

손 을 펴 며 궁 핍 한 자 를

위 하 여 손 을 내 밀 며 ㉑

자 기 집 사 람 들 은 다

홍 색 옷 을 입 었 으 므 로

눈 이 와 도 그 는 자 기

집 사 람 들 을 위 하 여 염

려 하 지　아 니 하 며　㉒ 그 는
자 기 를　위 하 여　아 름 다 운
이 불 을　지 으 며　세 마 포 와
자 색 옷 을　입 으 며　㉓ 그
의　남 편 은　그　땅 의
로 들 과　함 께　성 문 에
으 며　사 람 들 의　인 정 을
받 으 며　㉔ 그 는　베 로　옷 만
을 어 기 어　팔 며　띠 를　기 며
들 어　상 인 들 에 게　팔 기 며
㉕ 능 력 과　존 귀 로　옷 을
삼 고　후 일 을　웃 으 며 ㉖
입 을　열 어　지 혜 를　베 풀
며　그 의　혀 로　인 애 의
법 을　말 하 며 ㉗ 자 기 의
집 안 일 을　보 살 피 고　게 을
리　얻 은　양 식 을　먹 지
아 니 하 나 니 ㉘ 그 의　자 식

222

들은 일어나 감사하며
그의 남편은 칭찬하기를
29 덕행 있는 여자가 많
으나 그대는 모든 여자
보다 뛰어나다 하느니라
30 고운 것도 거짓되고
아름다운 것도 헛되나
오직 여호와를 경외하는
여자는 칭찬을 받을 것
이라 31 그 손의 열매가
그에게로 돌아갈 것이요
그 행한 일로 말미암아
성문에서 칭찬을 받으리
라

누가 현숙한 여인을 찾아 얻겠느냐
그의 값은 진주보다 더 하니라 (잠언 31장 10절)

현숙한 여인은 힘과 용기가 있고 능력이 뛰어나며 성격도 좋은 여인을 뜻해요. 이런 여인은 흔하지 않고 진주보다 더 귀해요. 이런 여인을 얻는 남자는 진짜 희귀한 보물을 얻는 것이나 다름없어요. 지혜는 이런 현숙한 아내와 같아요.

사랑을 더하면 온전해집니다.

이 모든 것 위에 사랑을 더하라 이는 온전하게 매는 띠니라(골 3:14).

도서출판 사랑플러스는 이 땅의 모든 교회와 성도들을 섬기기 위해 국제제자훈련원이 설립한 출판 사역 기관입니다.

어린이를 위한 잠언 쓰기

초판 1쇄 인쇄 2020년 12월 28일
초판 1쇄 발행 2020년 1월 5일

엮은이 사랑플러스 편집부
그림 및 디자인 임지선

펴낸이 오정현
펴낸곳 사랑플러스
등록번호 제2002-000032호(2002년 2월 15일)
주소 서울시 서초구 효령로68길 98(서초동)
전화 02)3489-4300 **팩스** 02)3489-4329
이메일 dmipress@sarang.org

ISBN 979-11-88402-11-3
ISBN 979-11-88402-10-6 (세트)

※ 책값은 뒤표지에 있습니다. 잘못된 책은 구입하신 곳에서 교환해 드립니다.